CUENTOS Y MICROCUENTOS

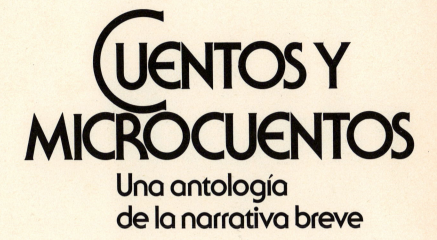

CUENTOS Y MICROCUENTOS

Una antología
de la narrativa breve

Guillermo I. Castillo-Feliú
Winthrop College

HOLT, RINEHART AND WINSTON
New York · San Francisco · Toronto · London

Acknowledgments for reading selections appear on p. 227

Library of Congress Cataloging in Publication Data
Main entry under title:

Cuentos y microcuentos.

   1. Spanish language—Readers. I. Castillo-Feliú,
Guillermo I. II. Title.
PC4117.C94   468'.6'421   77-12972
ISBN 0-03-021796-2

6 7 8 9 090 9

Contents

Preface

The short story is an excellent mode of study for the intermediate student. Because of its brevity, it is easier to examine the work in its entirety even in courses with limited contact hours. Since the time required for reading and comprehension is relatively short, the development of atmosphere, plot and characters may be discussed in depth. In addition, the short story and brief narrative form an excellent foundation for future study of essays, full-length plays and novels. They may serve as a stepping stone to more difficult readings. It is with these goals in mind that standard length short stories as well as brief narratives are included in this text. The progression from brief narrative to short-story is an important one; by allowing students to go from shorter selections to longer ones, their vocabulary demands can be met more easily and the student's self-confidence is built up so that he/she can tackle the longer readings with greater facility.

The art of story-telling is a very old one. It has come down through the ages in varied forms, such as the fable, the anecdote and the short story. A rich source of the brief narrative is the Bible; many samples of this genre can be found in both the Old and New Testaments.

Pre-Columbian literature contains many examples of the short tale. With the discovery of the New World, Iberian *conquistadores* chronicled the marvels and adventures of the *Tierra Incognita* (Unknown Land) in letters to the Spanish monarchs or in lengthy accounts of their conquests. The episodes in these accounts are prime examples of the early short narrative. Later, through the works of Spanish writers who had learned the native tongues, and of natives who had adopted the new language, indigenous tales of pre-Columbian America were transposed into the language of the conquerors.

Influenced by ancient and classical writings, as well as

those of the New World, Spanish writers continued to develop this genre, adapting it to their own environment and times. The eighteenth century in Spain saw the resurgence of the fable; Aesop and many other classical fabulists were rediscovered.

Today the short story continues to be an important narrative medium. Although it is still possible to encounter abbreviated tales interspersed throughout long narratives, most of today's leading writers treat the short story as a separate genre.

The text generally follows a chronological order beginning with the Bible. It continues with selections from the pre-Columbian period and the Middle Ages. Brief narratives from the sixteenth, eighteenth and nineteenth centuries follow and, finally, several narrative works of twentieth century authors are presented. The purpose of this sequence is to provide a guide to the development of the short story and to offer a taste of the historical and literary periods in which they evolved.

Each of the readings, or sets of readings, is preceded by some background information about the text and/or a brief biographical sketch of the author. Editing has been kept to a minimum and, for the most part, the narratives appear as they were written.

The marginal glosses for the reading selections translate passive vocabulary or difficult idiomatic expressions. A section called *Vocabulario activo* follows each reading passage and contains all the words appearing in italics in the reading. These words and expressions enable the student to successfully complete the exercises that follow each selection as well as those found at the end of each chapter. The section *Preguntas sobre la lectura* contains questions derived from the reading selection and are designed to promote a better understanding of the material. They can be used as written or oral exercises and should lead to class participation and discussion.

The *Discusión* sections deal exclusively with the preceding reading selection and contain discussion questions of varying degrees of difficulty. The discussions can be conducted in English or Spanish, depending on the level of the text and the background of the students.

At the end of each chapter, the section *Vocabulario y práctica* promotes vocabulary building and reinforces learned vocabulary. There is also an additional discussion section, *Discusión general,* which combines the various themes of the selections. The students can compare and contrast these ideas and bring in their own personal experiences to relate to the present times.

The symbol ^{G} refers to the literary and cultural glossary that appears at the end of the text. This glossary provides students with additional information on various literary and cultural terms and concepts.

A word about cognates:

Although English has a varied linguistic background, it does have many words with Latin roots. It shares this background with Spanish which is principally derived from this ancient language. This common link between English and Spanish simplifies the task of reading a Spanish text for the beginning English-speaking student. Words descended or borrowed from the same earlier form are referred to as "cognates." Spanish cognates of English or vice versa can be identical in form (normal and *normal*), similar (form and *forma*), or somewhat hidden, due to the addition of suffixes and prefixes which are different in both languages (counsel and *aconsejar*). Much less often, they can be what are called "false cognates." These are words derived from the same common linguistic background which, through the effects of usage and time, have come to have different and, at times, even opposite meanings. "Sensitive," for example, is translated into Spanish by the word *sensible,* whereas "sensible" in English has the meaning of the Spanish *sensitivo.* "Actual," in English, refers to something existing in fact or real. In Spanish, however, *actual* means present-day. For the most part, false cognates are the exception and not the rule. A thorough examination of some of the readings will result in the pleasant and rewarding realization that the words employed in the Spanish readings bear a striking resemblance to their English counterparts or cognates. As the student advances into the readings, these cognates will increasingly enhance comprehension and enjoyment.

THE
BIBLE

1

THE BIBLE is undoubtedly the most widely-read book of all time. It has been translated into the majority of known languages. The Bible is one of the richest sources of, and contains some of the best examples of, the microstory[G].

Génesis (Capítulo 1)

1. En el principio creó Dios los cielos y la tierra.
2. Y la tierra estaba desordenada y *vacía*, y las *tinieblas* estaban sobre la *faz* del abismo, y el Espíritu de Dios se movía sobre la faz de las aguas.
3. Y dijo Dios: Sea° la *luz*; y fue la luz.   Let there be
4. Y vio Dios que la luz era buena; y separó Dios la luz de las tinieblas.
5. Y llamó Dios a la luz Día y a las tinieblas llamó Noche. Y fue la tarde y la mañana un día.
6. Luego dijo Dios: Haya° expansión *en medio de* las   Let there be
   aguas, y separe las aguas de las aguas.
7. E hizo Dios la expansión, y separó las aguas que estaban debajo de la expansión, de las aguas que estaban sobre la expansión. Y así fue.°   And so it was
8. Y llamó Dios a la expansión Cielos. Y fue la tarde y la mañana el día segundo.

Vocabulario activo

vacío *empty*
tinieblas *shadows, darkness*
faz (f) *face, aspect, front*

luz (f) *light*
en medio de *in the middle of*

Preguntas sobre la lectura

1. ¿Qué es lo primero que Dios creó?
2. ¿Cómo estaba la tierra?
3. ¿Qué mandó Dios?
4. ¿Cómo separó Dios las aguas de las tierras?
5. ¿Qué nombres les dio Dios a lo seco y a la reunión de las aguas?

DISCUSIÓN

1. ¿Por qué cree Ud. que primero se creó la luz? ¿Qué habría sucedido si se hubiera creado primero el agua y las montañas?
2. De acuerdo con la lectura, ¿cuáles son los elementos de la vida más importantes? ¿Está Ud. de acuerdo con esta explicación?

Génesis (Capítulo 2)

7. Entonces Jehová Dios formó al hombre del *polvo* de la tierra, y *sopló* en su nariz *aliento* de vida, y fue el hombre un *ser* viviente.°   living being

8. Y Jehová Dios plantó un *huerto* en Edén, al oriente; y puso allí al hombre que había formado. . . .

19. Jehová Dios formó, pues, de la tierra toda *bestia* del campo, y toda *ave* de *los cielos,* y las trajo a Adán para que *viese* cómo las había de° llamar; y todo lo   was to que Adán llamó a los animales vivientes, *ese es su nombre.* . . .

21. Entonces, Jehová Dios hizo caer° sueño profundo so-   induced bre Adán, y *mientras éste*° dormía, tomó una de sus   he *costillas,* y cerró la carne° en su lugar.   closed the wound

22. Y de la costilla que Jehová Dios tomó del hombre, hizo una mujer, y la *trajo* al hombre.

Vocabulario activo

polvo *dust*
sopló (soplar) *blew*
aliento *breath*
ser (m) *being*
huerto *garden, orchard*
bestia *beast, animal*

ave (m. sing, f. pl.) *bird*
los cielos *the heavens*
viese (ver) *would see, might see*
mientras *while*
costilla *rib*
trajo (traer) *took to, brought*

Preguntas sobre la lectura

1. Explique cómo Dios formó al hombre.
2. ¿Dónde colocó Dios a Adán?
3. ¿Quién dio nombre a los animales?
4. ¿Cuál es el origen de la primera mujer?

DISCUSIÓN

1. ¿Cómo cree Ud. que Adán percibía (*perceived*) el mundo que lo rodeaba y cómo entendía los fenómenos de la naturaleza?
2. ¿Sabemos en qué lengua se comunicaban Adán y Eva? ¿Tendrían ellos los mismos problemas de comunicación que el hombre y la mujer del mundo moderno tienen?

Samuel (Capítulo 17)

48. Y aconteció° que cuando el filisteo° se levantó y *echó a andar* para ir al encuentro° de David, David *se dio prisa,* y corrió a la línea de batalla contra el filisteo. — **It happened / Philistine** / **to meet**

49. Y *metiendo* David su mano en la bolsa, tomó de allí una piedra, y la *tiró* con la honda,° e *hirió* al filisteo en la frente; y la piedra quedó clavada° en la frente, y cayó sobre su rostro° en tierra. — **sling** / **imbedded** / **face down**

50. Así *venció* David al filisteo con honda y piedra; e hirió al filisteo y lo mató, sin tener David *espada* en su mano.

51. Entonces corrió David y se puso sobre° el filisteo; y tomando la espada de él y sacándola de su vaina,° lo acabó de matar, y le *cortó* con ella la cabeza.° Y cuando los filisteos vieron a su paladín° muerto, huyeron. — **stood over** / **unsheathing it** / **cut / head [beheaded]** / **champion, paladin**

Vocabulario activo

echó (echar) a andar *began to walk*
se dio (darse) prisa *hurried*
metiendo (meter) *putting*
tiró (tirar) *threw, shot*

hirió (herir) *wounded*
venció (vencer) *vanquished, defeated*
espada *sword*
cortó (cortar) *cut*

Preguntas sobre la lectura

1. ¿Qué hizo el filisteo?
2. ¿Qué hizo David, entonces?
3. Cuando David metió la mano en la bolsa, ¿qué encontró y qué hizo con ello?
4. ¿Cómo venció David al filisteo?
5. Describa Ud. lo que David hizo después de matar al filisteo.

DISCUSIÓN

1. ¿Cuándo cree Ud. que es necesario usar la violencia y cómo se puede justificar? Explique si es un dilema de tipo moral o social.
2. David y el filisteo tenían armas diferentes para combatir. ¿Cómo se habría sentido el filisteo frente a David?
3. ¿Cuál cree Ud. que era la mejor arma de David? ¿Qué haría Ud. en una situación similar?

Lucas (Capítulo 2)

1. Aconteció° en aquellos días, que se promulgó un edicto de parte de Augusto César,° que todo el mundo fuese empadronado.° — **It happened** / **Augustus Caesar** / **registered to be taxed**

2. Este primer censo se hizo° siendo° Cirenio gobernador de Siria. — **was taken / while**

3. E iban todos para ser empadronados, cada uno a su ciudad.

4. Y José subió de Galilea, de la ciudad de Nazaret, a Judea, a la ciudad de David, que se llama Belén,° por cuanto° era de la casa y familia de David; — **Bethlehem** / **since**

5. para ser empadronado con María su *mujer*, desposada con° él, la cual estaba encinta.° — **married to / with child**

6. Y aconteció que estando ellos allí, se cumplieron° los días de su *alumbramiento*. — **were fulfilled**

7. Y *dio luz* a su hijo primogénito,° y lo *envolvió* en *pañales*, y lo acostó en un *pesebre*, porque no había lugar para ellos en el *mesón*. — **first born**

Vocabulario activo

mujer *woman, wife*
alumbramiento *childbirth, delivery*
dio (dar) luz *gave birth*
envolvió (envolver) *wrapped*

pañal (m) *diaper*
pesebre (m) *manger*
mesón (m) *inn*

Preguntas sobre la lectura

1. ¿Qué decía el edicto de Augusto César?
2. ¿A qué familia pertenecía José?

3. ¿Con quién viajaba José?
4. Mientras estaban en Belén, ¿qué ocurrió?
5. ¿Qué hizo María con el primogénito?

DISCUSIÓN

1. ¿Cómo se sentiría María al no encontrar lugar en el mesón? ¿Es posible que una mujer moderna pueda tener una experiencia similar? Piense en las formas de vida urbana y rural.
2. ¿Puede un gobierno funcionar sin tener que empadronar a sus ciudadanos? ¿Hay países donde no se pagan impuestos (*taxes*) de ninguna clase?

Mateo (Capítulo 8)

23. Y entrando él en la *barca,* sus discípulos le *siguieron.*

24. Y he aquí que se levanto° en el mar una tempestad   **there arose**
tan grande que las *olas* cubrían la barca; pero él *dormía.*

25. Y vinieron sus discípulos y le *despertaron,* diciendo:
¡Señor, sálvanos, que perecemos!°   **we shall perish**

26. Él les dijo: ¿Por qué teméis,° hombres de poca fe? En-   **fear**
tonces, levantándose, reprendió° a los *vientos* y al   **commanded**
mar; y se hizo grande bonanza.°   **fair weather, calm conditions**

27. Y los hombres se maravillaron, diciendo: ¿Qué hombre es éste, que aun los vientos y el mar le obedecen?

Vocabulario activo

barca *fishing boat*
siguieron (seguir) *followed*
ola *wave (of water)*
dormía (dormir) *was sleeping*

despertaron (despertar) *awakened, woke up*
teméis (temer) *you are afraid of*
viento *wind*

Preguntas sobre la lectura

1. ¿Qué ocurrió después que ellos entraron en la barca?
2. ¿Qué exclamaron los discípulos mientras él dormía?
3. ¿Qué acción tomó él después de reprehenderlos a ellos?
4. ¿Por qué se maravillaron los hombres?

DISCUSIÓN

1. ¿Qué haría Ud. si se encontrara en un lago con una tormenta similar? ¿Ha tenido alguna experiencia igual?
2. ¿Se pueden controlar los elementos de la naturaleza con la tecnología moderna? Explique algún caso que Ud. conozca.

Mateo (Capítulo 14)

6. Pero cuando se celebraba el cumpleaños de Herodes,° la hija de Herodías° danzó en medio, y *agradó* a Herodes.

Tetrarch of Galilee, 4 B.C.-39 A.D.
Salome

7. por lo cual éste le prometió con juramento° darle todo lo que *pidiese.*

swore

8. Ella, instruida primero por su madre, dijo: Dame aquí en un plato la *cabeza* de Juan el Bautista.

9. Entonces, el rey se entristeció;° pero a causa del° *juramento,* y de los que estaban con él a la mesa, mandó que se la diesen,

became saddened / because of

10. y ordenó decapitar a Juan en la *cárcel.*

11. Y fue traída su cabeza en un plato, y dada a la muchacha; y ella la presentó a su madre.

12. Entonces llegaron sus discípulos, y tomaron el cuerpo y lo *enterraron;* y fueron y dieron las nuevas° a Jesús.

news

Vocabulario activo

agradó (agradar) *pleased, was pleasing*
pidiese (pedir) *would ask for*
cabeza *head*

juramento *oath*
cárcel (f) *jail, prison*
enterraron (enterrar) *buried*

Preguntas sobre la lectura

1. ¿Qué le prometió Herodes a la hija de Herodías?
2. ¿Qué pidió ella?
3. ¿Cómo reaccionó el rey tras este pedido?
4. ¿Qué ordenó hacer el rey?
5. ¿Se llevó a cabo el pedido de la hija de Herodías?
6. ¿Qué hicieron, finalmente, los discípulos de Juan?

DISCUSIÓN

1. ¿Cuál sería el motivo de la madre de Salomé para querer la cabeza de Juan el Bautista? Si Ud. conoce el episodio, explique su punto de vista personal.
2. ¿En qué medios de las Bellas Artes (*Fine Arts*) se encuentra el tema de Salomé? ¿Sabe Ud. cómo se llama su famosa danza?

Mateo (Capítulo 15)

32. Y Jesús, llamando a sus discípulos, dijo: Tengo compasión de la *gente*, porque ya hace tres días que están conmigo, y no tienen qué comer; y enviarlos en ayunas° no quiero, no sea que desmayen° en el camino.

   with an empty stomach / could faint

33. Entonces sus discípulos le dijeron: ¿De dónde tenemos nosotros tantos *panes* en el desierto, para saciar una multitud tan grande?

34. Jesús les dijo: ¿Cuántos panes tenéis? Y ellos dijeron: Siete, y unos pocos pececillos.°

   small fish

35. Y mandó a la multitud que se recostase° en tierra.

   to lie down

36. Y tomando los siete panes y los peces, dio gracias, los *partió* a sus discípulos, y los discípulos a la multitud.

37. Y comieron todos, y se saciaron;° y *recogieron* lo que sobró° de los pedazos, siete *canastas* llenas.

   were replete

   what was left

38. Y eran los que habían comido, cuatro mil hombres, sin contar las mujeres y los niños.

39. Entonces, despedida° la gente, entró en la *barca*, y *vino* a la región de Magdala°.

   upon saying goodbye to

   village in Palestine

Vocabulario activo

gente (f) *people*
pan (m) *bread, loaf of bread*
partió (partir) *broke in pieces, divided up*
recogieron (recoger) *gathered*

canasta *basket*
barca *fishing boat*
vino (venir) *came to*

Preguntas sobre la lectura

1. ¿Por qué es que Jesús tiene compasión de la gente?
2. ¿Qué le responden los discípulos a Jesús?

3. ¿Qué mandó Jesús que hiciera a la multitud?

4. ¿Qué hizo Jesús con los siete panes y los peces?

5. Después de haber comido todos, ¿cuánto sobró?

6. ¿Cuántos, en total, habían comido?

7. Después de este episodio, ¿qué hizo Jesús?

DISCUSIÓN

1. ¿Cree Ud. en los milagros? ¿Se pueden interpretar los milagros en forma racional?

2. ¿Sería posible darle una explicación racional al milagro de la división de los panes? ¿Cómo lo explicaría Ud. desde el punto de vista científico?

SÍNTESIS

Vocabulario y práctica

1. Dé Ud. lo opuesto de cada una de las palabras siguientes:

vacío	luz	vencer
mujer	vencer	los cielos
tinieblas	dar luz	partir

2. Todos los siguientes pares de palabras se pueden asociar claramente *menos dos*. ¿Cuáles son estos dos pares?

soplar—aliento	barca—mar	canasta—pan
polvo—tierra	espada—cortar	luz—tinieblas
pesebre—bestia	ola—agua	faz—cabeza
mientras—meter	viento—mesón	

3. Haga Ud. frases completas empleando las palabras en el orden presentado:

a. mientras/dormir/levantarse/tempestad

b. espada/cortar/cabeza/meter/canasta

c. viento/soplar/los cielos/tempestad

d. mujer/dar luz/niño/envolver/pañales/poner/pesebre

4. Ahora, cree Ud. una situación completamente original (suya), empleando todas las expresiones siguientes que pueda:

en medio de	envolver
partir	los cielos
viento	darse prisa
vencer	cortar
olas	barca
mientras	

DISCUSIÓN GENERAL

1. ¿Cuál es la diferencia entre el criterio científico y moderno de la creación del mundo y el criterio religioso tradicional?

2. ¿Cómo se explica Ud. la creación del mundo?

3. Según las lecturas anteriores, ¿cuál es el papel de Dios en la vida del hombre?

4. ¿Qué importancia tiene la religión en el pensamiento del siglo XX? ¿Cómo aparece en la literatura contemporánea?

5. ¿Cómo se explica Ud. el interés de la juventud moderna por las religiones del Oriente (*East*) como la islámica, hindú (*India*), etc.?

POPOL VUH

2

POPOL VUH, the most important work of the Mayas,^{G} is the so-called Mayan Bible. The *Popol Vuh* relates the most important historical events, legends and beliefs of the Mayan civilization. The original manuscript has been lost; the only version remaining is a Spanish translation done by Father Francisco Ximénez in the eighteenth century. The general tone of the *Popol Vuh* is melancholy; it represents the Mayas' endeavor to understand the mysteries of the creation of man and the world around him.

The Mayas' knowledge of mathematics, astronomy and other sciences as well as their artistic ability is astounding. They developed the first system of writing in the Americas. They wrote many books which either disappeared due to natural causes (floods, earthquakes, time) or were burned by the Spaniards. The Spanish soldiers and missionary priests destroyed much of the Mayas' literature in the course of attempting to convert them to Christianity and to the European culture. What we do know of the Mayan literature today is from transcriptions made by educated Mayas or Spanish chroniclers who based their texts on oral testimony given by Mayas who had memorized stories and legends.

The *Popol Vuh* is a compendium of events and chronicles in a manner similar to the Bible. From the whole, one can extract countless microstories which can stand by themselves as excellent examples of the short narrative.

XXII

Primero fue creada la *tierra,* los *montes* y los *llanos;* dividiéronse los caminos del agua y salieron muchos *arroyos* por entre los *cerros* y, en algunas y señaladas° partes, *se detuvieron* y rebalsaron° las aguas y de este modo aparecieron las altas montañas.

    Después de esto dispusieron° crear a los animales, guardas° de los montes: al *venado,* al pájaro, al león, al tigre, a la *culebra,* a la *víbora* y al cantil.°

    Y les fueron repartidas° sus casas y habitaciones.

marked
overflowed

they decided
keepers
Guatemalan snake
were distributed

Vocabulario activo

tierra *earth*
monte (m) *mountain*
llanos *plains*
arroyo *brook*
cerro *hill*

se detuvieron (detenerse) *stopped, delayed*
venado *deer, venison*
culebra *snake*
víbora *viper*

Preguntas sobre la lectura

1. ¿Cuáles fueron las primeras cosas que se crearon?
2. ¿Cómo se produjeron los arroyos? ¿y las altas montañas?
3. Por ejemplo, ¿qué animales fueron creados después?

DISCUSIÓN

1. ¿Cuál cree Ud. que habría sido el orden lógico de la creación del mundo si se contara desde el punto de vista moderno?
2. ¿Podría haber vida en un planeta sin los elementos naturales básicos? ¿Qué se ha descubierto en la época contemporánea?

XXXI

Y habiendo creado todos los *pájaros* y animales, les dijo el
Creador:

—«Hablad y gritad° *según* vuestra especie y diferen-   cry out
cia; decid y alabad° nuestro nombre; decid que somos vues-   praise
tras Madres y Padres, pues lo somos. ¡Hablad, invocad-
nos y saludadnos!»°   greet us

Pero *aunque* les *fue mandado* esto no pudieron ha-
blar como los hombres sino que chillaron,° cacarearon° y   shrieked / cackled
gritaron.

Vocabulario activo

pájaro *bird*   **aunque** *even though*
según *according to*   **fue (ser) mandado** *was ordered*

Preguntas sobre la lectura

1. Una vez creados los animales, ¿qué les dijo el Creador?
2. En vez de hablar como los hombres, ¿qué sonidos emitieron
   los animales?

DISCUSIÓN

1. ¿Qué habría sucedido si los animales hubieran imitado la voz
   de su Creador?
2. ¿Cómo se puede interpretar la creación del mundo compa-
   rando los puntos de vista religioso y científico?

9 C.D.

Antes de la Creación no había hombres, ni animales, pájaros, pescados, *cangrejos,* árboles, piedras, *hoyos,* barrancos,° *paja* ni bejucos° y no se manifestaba la faz° de la tierra;° el mar estaba suspenso° y en el cielo no había cosa alguna que hiciera *ruido.* No había cosa° en orden, cosa que tuviese ser,° si no es el mar y el agua que estaba en calma y así todo estaba en silencio y *obscuridad* como noche.

Solamente estaba el Señor y Creador, Gucumatz, Madre y Padre de todo lo que hay en el agua, llamado también *Corazón* del Cielo porque está en él y en él reside. Vino su palabra° acompañada de los Señores Tepeu y Gucumatz y, *confiriendo,* consultando y teniendo *consejo* entre sí° en medio de aquella obscuridad, se crearon todas las criaturas.

ravines / bindweed / face

earth / calm

There was nothing

life

Thus he spoke

among themselves

Vocabulario activo

cangrejo *crab*
hoyo *hole*
paja *straw*
ruido *noise*
obscuridad *darkness*

corazón (m) *heart*
confiriendo (conferir) *granting, bestowing*
consejo *counsel, council, advice*

Preguntas sobre la lectura

1. ¿Cuál era la situación antes de la Creación?
2. ¿Qué ser era el único que existía?
3. ¿Cómo se crearon todas las criaturas?

DISCUSIÓN

1. ¿Cómo sabían los que escribieron el *Popol Vuh* o que registraron la tradición oral de este pueblo que antes de la creación existía la obscuridad?
2. Si el hombre moderno tuviera que volver a escribir una nueva versión de la biblia y del *Popol Vuh,* ¿cómo interpretaría la creación del mundo desde el principio? Haga una breve reseña indicando cómo la explicaría Ud.

8 C.D.

Habiéndose *acercado*° el tiempo de la creación, el Ahau Tepeu y el Ahau Gucumatz *buscaron* la sustancia para hacer la *carne* del hombre.　　　　　　　　　　　**Upon having come**

Consultaron entre sí° de qué forma lo harían, porque **among themselves** los pasados hombres habían salido° imperfectos, buscando **turned out** cosa que pudiera servir para carne de aquél, se les manifestó en esta forma.

6 C.P. (continúa)

Cuatro animales les manifestaron la existencia de las *mazorcas* de *maíz* blanco y de maíz amarillo. Estos animales fueron: Yak, el Gato de Monte; Utiú, el Coyote; Quel, la Cotorra,° y Hoh, el *Cuervo*.　　　　　　　　　**small parrot**

La abuela Ixmucané tomó del maíz blanco y del amarillo e hizo *comida* y *bebida,* de las que salió la carne

y la gordura° del hombre, y de esta misma comida fueron   **fat**
hechos sus brazos y sus pies.

De esto formaron el Señor Tepeu y Gucumatz a nuestros primeros padres y madres.

Vocabulario activo

acercado (acercarse) *approached, came
near*
buscaron (buscar) *looked for, searched*
carne (f) *meat, flesh*
mazorca *ear (of corn)*

maíz (m) *corn, maize*
cuervo *crow*
comida *food*
bebida *drink*

Preguntas sobre la lectura

1. ¿Qué buscaron el Ahau Tepeu y el Ahau Gucumatz?
2. ¿Cómo habían salido los primeros hombres?
3. ¿Qué manifestaron los cuatro animales? ¿qué animales eran éstos?
4. ¿Qué hizo la abuela Ixmucané?

DISCUSIÓN

1. ¿Cómo habrán reaccionado los conquistadores españoles al escuchar la versión del *Popol Vuh* sobre la creación del primer hombre?
2. ¿Por qué el hombre, en general, busca una explicación para su origen y el origen del mundo donde vive? ¿Es todavía una preocupación constante?
3. En siglos anteriores el hombre trataba de buscar una explicación para su existencia y la del universo por medio de la filosofía y de la religión. ¿Cómo cree Ud. que el hombre moderno justifica su existencia y la del mundo que lo rodea?

SÍNTESIS

Vocabulario y práctica

1. Usando los vocablos que se encuentran en el «Vocabulario activo» de las lecturas del *Popol Vuh,* escoja Ud. todas aquellas que se refieren al mundo animal.

2. Empleando la misma lista mencionada en la primera pregunta, mencione todas las que se refieren a la geografía.

3. De todas las palabras de estas lecturas, ¿cuáles asocia Ud. con posibles alimentos?

4. ¿Cuál es el antónimo de las palabras siguientes?

   cerro   acercarse
   ruido   monte
   obscuridad   noche
   creación   padre

5. Ahora, escoja las palabras de la segunda columna que estén relacionadas con las de la primera:

   pescado   serpiente
   mazorca   tierra
   arroyo   cerro
   pájaro   maíz
   cangrejo   agua
   culebra   cuervo
   venado   animal
   carne   río
   monte   mar
   llanos   venado

6. Diga en español:
   1. The flesh and fat of man were formed from white corn and yellow corn.
   2. The high mountains appeared when the waters overflowed.
   3. The birds and animals could not talk like men.

DISCUSIÓN GENERAL

1. ¿Por qué cree Ud. que el maíz se emplea para dar cuerpo al hombre?
2. ¿Cómo se diferencia Gucumatz de la deidad judeo-cristiana?
3. ¿A qué se deberán las semejanzas entre la creación según se ve en el *Popol Vuh* y la creación en la Biblia?
4. ¿En qué se basará esta versión de la creación de los arroyos y de las montañas?
5. Compare Ud. esta versión de la creación con la de la Biblia.

DON
JUAN
MANUEL

3

DON JUAN MANUEL (1282-1348) was born in Escalona, a village in the province of Toledo, Spain. Of noble lineage, he was the grandson of King Fernando III and the nephew of Alfonso X, both of Castile. Although he was also a poet, as can be seen from the maxims[G] which appear at the end of each story, it is as a prose writer that he stands out. *El Libro del Conde Lucanor y de Patronio* is his contribution to the Castilian prose narrative of the fourteenth century.

The fifty-one *Ejemplos* which make up one of the five parts of *El Conde Lucanor* all have basically the same format. In each case, the Count is faced with a particular dilemma and turns to his wise counselor, Patronio, for advice as to how to extricate himself from the difficulty he is in. Patronio listens to the problem and tells him a story which allegorically[G] illustrates the problem and the solution. The Count listens to the narrative and accepts the advice given. To show that he is pleased with Patronio's dictum,[G] he inscribes the maxim at the end of each story. The dictum thus serves as a moral lesson to all. Each *Ejemplo* forms an entity of its own.

The dictum which Don Juan Manuel gives is practical and exalts the humane and moral values which form the basis of all major cultures. The two *Ejemplos* included here show the use of the short narrative in order to transmit a moral lesson.

Ejemplo XXXIV

«De lo que aconteció a un *ciego* que *guiaba* a otro.»

Otra vez hablaba el conde Lucanor con Patronio, su consejero, de esta manera:

—Patronio, un *pariente* y amigo mío de quien fío° mucho y estoy seguro de que me quiere, me aconseja que vaya a un *lugar* que yo veo con mucho recelo.° El me dice que deseche° mis *temores,* pues preferiría la muerte antes que a mí me sucediera mal alguno.° Ruégoos,° pues, me aconsejéis sobre esto.

—Señor conde —dijo Patronio—, un hombre, habitante de una villa conocida, perdió la *vista.* Pobre y ciego, vino a él otro ciego que moraba° en la misma villa y díjole que quería que fuesen ambos a un poblado ° próximo, pidiendo *limosna* por amor de Dios y que así tendrían con qué *mantenerse* y gobernar° su vida.

El ciego primero le dijo que conocía el camino perfectamente, que tenía muchos baches y barrancos° y pasos muy difíciles y, *por último,* que le daba miedo tal viaje.

Pero el segundo ciego le contestó que no tuviese recelo alguno que él le pondría en salvo,° pues también conocía el camino. Y tanto le aseguró que el primer ciego *creyó* al segundo y ambos emprendieron° el camino.

Cuando llegaron a los lugares *peligrosos,* el ciego que guiaba *cayó* en un pozo° y *detrás de* él cayó también el ciego que tanto miedo tenía al camino.

Y vos, señor conde, si recéláis° con razón, no os metáis° en tal peligro, aunque vuestro pariente asegure que antes *moriría* que consentir que vos recibáis daño alguno; nada os aprovecharía° que él muriese, si caen sobre vos daños irreparables y aun la *muerte.*

El conde tuvo éste por buen consejo, obró° según él,° y sintióse contento.

> Nunca te metas donde te pueda ir mal
> aunque tu amigo te dé seguridad.

Glosas (margen):

- whom I trust
- fear, distrust
- reject, cast aside
- before anything bad happened to me / I beg of you
- lived
- town
- manage
- potholes and gullies
- would see that he was safe
- set out for
- well
- if you fear
- get into
- would profit from
- acted / accordingly

Vocabulario activo

ciego *(noun and adjective) blind*
guiaba (guiar) *was leading, guiding*
pariente (m) *family relative*
lugar (m) *place, site*
temor (m) *fear, suspicion*
vista *eyesight*
limosna *alms, charity*
mantenerse *to subsist, to sustain oneself*

por último *finally*
creyó (creer) *believed*
peligroso *dangerous*
cayó (caer) *fell*
detrás (de) *behind, after*
moriría (morir) *would die*
muerte (f) *death*

Preguntas sobre la lectura

1. ¿Quién es la persona que aconseja al conde en este ejemplo? (Aparte de Patronio, por supuesto).
2. ¿Cuál es el consejo de este amigo del conde y qué siente éste?
3. ¿Qué le ocurrió al hombre de la villa conocida, según Patronio?
4. ¿Quién vino a este pobre hombre y qué le dijo?
5. ¿Qué le respondió el ciego primero?
6. ¿Qué le dijo el segundo ciego para asegurarlo?
7. ¿Qué hicieron, finalmente, los dos ciegos?
8. Cuando llegaron a los lugares peligrosos, ¿qué les ocurrió a los ciegos?
9. Según Patronio, ¿por qué no le aprovecharía la seguridad que le ha dado su pariente y amigo?
10. ¿Cuál es el sentido del refrán final?

DISCUSIÓN

1. ¿Conoce Ud. la expresión inglesa que concuerda con el tema de este ejemplo? [*Clave:* re-lea el título de este ejemplo]
2. ¿Puede Ud. pensar en una situación en la cual Ud. se haya encontrado que le haya ofrecido un dilema semejante? ¿Cómo procedería Ud. en un caso como éste?

3. ¿Por qué es que Patronio le aconseja al conde como lo hace? ¿Cree Ud. que Patronio le está aconsejando nunca llevar a cabo ningún proyecto? ¿Cuál es la debilidad de este proyecto, según el consejero?

Ejemplo XXXVIII

«De lo que aconteció a un hombre que *yendo cargado* de *piedras preciosas se ahogó* en un río.»

Un día dijo el conde a Patronio que tenía grandes deseos de ir a un lugar donde iban a darle una partida° de dineros creyendo además que su estancia allí redundaría° en su provecho°; pero que tenía miedo de que le sobreviniese° algún daño, *deteniéndose* allá mucho tiempo, rogándole por consiguiente° le aconsejara lo que sería bueno hacer.

—Señor conde —dijo Patronio—, un hombre llevaba una gran cantidad de piedras preciosas a cuestas° y eran tantas que se le hacía muy pesado° transportarlas. Acaeció° entonces que *hubo de* pasar un gran río y como la carga que llevaba era pesada se zahondaba mucho.° Al llegar a la parte más *honda* se zahondó más todavía.

Un hombre que estaba en la *orilla* comenzó a dar voces° a decirle que si no *se deshacía* de la carga se ahogaría. Y el mezquino° loco no comprendía que si se ahogaba perdería su cuerpo y su tesoro, mientras que, deshaciéndose de la carga, sólo perdería ésta, mas no el cuerpo. Codicioso° del valor que tenían las piedras preciosas que a cuestas llevaba no quiso deshacerse de ellas y se ahogó, perdiendo, así, cuerpo y carga.

quantity, portion
would turn out
advantage
might happen
therefore

on his back
they weighed him down
it so happened
he sank deeper

to shout, to yell
stingy

covetous, greedy

Y vos, señor conde Lucanor, os aconsejo que, si hay peligro para vuestro cuerpo deteniéndoos en aquella tierra, no os quedéis allí mucho tiempo por codicia de dineros o cosa *semejante*. El que en realidad se estima, obra de manera que lo estimen los demás; y no es preciado° el hombre, porque él se precie° sino por hacer tales *obras*, que merezcan la *estima* de sus semejantes.°

    °**appreciated**
    pride himself on
    fellowmen

El conde tuvo éste por buen ejemplo, obró así y se sintió feliz.

> Quien por codicia se aventure
> será maravilla que el bien° le *dure*.

    good fortune

Vocabulario activo

yendo (ir) cargado de *was loaded with*
piedra preciosa *gem, precious stone*
se ahogó (ahogarse) *drowned*
deteniéndose (detenerse) *stopping*
hubo (haber) de + inf. = tuvo (tener) que + inf. *had (to have) to*
hondo *deep*
orilla *riverbank, shore*

no se deshacía (deshacerse) *didn't get rid of*
codicioso *greedy, covetous*
semejante *similar*
obras *actions, deeds; works*
estima *respect, appreciation*
dure (durar) *would last, would continue*

Preguntas sobre la lectura

1. ¿Por qué deseaba ir el conde a este lugar?
2. ¿Qué temía el conde al mismo tiempo?
3. ¿Qué esperaba el conde de su consejero Patronio?
4. ¿Cuál era el problema del viajante del cuento?
5. A medida que el viajante se acercaba a la parte más profunda del río, ¿qué le ocurría?
6. Desde la orilla, un hombre advertía algo al viajante. ¿Qué le decía?

7. ¿Por qué no se deshacía el mezquino de su carga?
8. Al fin, debido a su codicia, ¿qué le ocurrió?
9. Según Patronio, ¿cómo obra la persona que se estima?
10. ¿Qué advierte el refrán?

DISCUSIÓN

1. ¿Le advierte Patronio al conde que jamás debe aventurarse?
2. ¿Cuál es el criterio que el individuo debe considerar al encontrarse en una situación peligrosa?
3. A pesar del significado simbólico de este ejemplo, ¿qué haría Ud. en una situación semejante? ¿abandonaría toda su carga? ¿parte de ella? ¿se aventuraría a entrar a dicho río?

SÍNTESIS

Vocabulario y práctica

1. Dé sinónimos de las siguientes palabras:

   guiar   lugar   por último   morir
   hondo   semejante   todavía   morar

2. Examine las palabras que siguen y dé dos o tres otras palabras que Ud. asocia con ellas:

   peligroso   limosna   morir
   orilla   ciego   pariente
   hondo   caerse   guiar

3. Dé los antónimos de las siguientes palabras:

   semejante   muerte   en frente (de)   guiar
   por último   seguro   mal   desconocer

4. Ahora, haga tres frases completas y originales, usando por lo menos *tres* de los vocablos que siguen en cada una:

orilla	guiar	lugar
caerse	codicioso	río
ciego	semejante	ahogarse
morir	mezquino	situación
hondo	peligroso	

DISCUSIÓN GENERAL

1. ¿De qué medio se sirve el escritor para desarrollar la moraleja (*moral*) de este episodio?

2. Escriba o cuente un episodio que tenga una moraleja sobre la codicia o la violencia.

3. Según los temas de estas narrativas, ¿le parece a Ud. que los valores humanos de la Edad Media son diferentes a los valores actuales?

4. ¿Cómo se publicarían los libros en la Edad Media? ¿Existía ya la imprenta (*printing press*) en el siglo XIV?

THE
CLASSICAL
FABLE

4

THE FABLE[G] is a short tale written or told to teach a moral.[G] The characters found in a fable can be people, animals or inanimate objects. When animals or inanimate objects are used they are given human characteristics. Often this method is used to disguise well-known people or highly placed people. The fable thus becomes a social criticism of a subtle nature. The fable may deal with supernatural or extraordinary persons or incidents or very common everyday themes. The basic use of the fable is to teach a moral through the description of a common situation with which most listeners or readers can identify. The stories often seem simplistic, but in reality there is a hidden goal which does not become apparent until the very end when the moral is stated. In the first two of the following three fables the characters are unusual only in the exaggeration of their foibles and human weaknesses. The third fable is an animal fable; the fox embodies two very human characteristics: greed and envy.

The fable as a form is prevalent in medieval prose fiction and persists during the Renaissance to eventually become the modern novel. The fable fits into the category of the short narrative in that it relates a complete story or episode in a condensed form.

El hombre que tenía dos esposas

Antiguamente,° cuando se permitía que los hombres tuvie-   **In the old days**
ran muchas esposas, cierto hombre de edad mediana tenía
una esposa vieja y una esposa joven. Cada cual° lo quería   **Each one**
mucho y deseaba verlo con la apariencia de un compañero
adecuado° para ella.   **suitable**

   El cabello del hombre *se estaba poniendo* gris, cosa°   **something**
que no le gustaba a la esposa joven porque lo hacía ver
demasiado viejo para ser su esposo. Así pues,° ella solía°   **Thus / used to**
peinarle el *cabello* y *arrancarle* las *canas* todas las noches.

   En cambio, la esposa de más edad veía encanecer° a   **turn gray**
su esposo con gran placer, porque no le agradaba que la
confundieran con la madre de éste. Así pues, todas las ma-
ñanas solía *arreglarle* el cabello arrancándole todos los cabellos negros que podía. El resultado fue que pronto el
hombre se encontró completamente *calvo.*

   «*entrégate*° a todos y pronto estarás sin nada que   **Give in**
entregar.»

Vocabulario activo

se estaba poniendo (ponerse) +   **cana** *gray hair*
  adj. *was becoming (+ adj.)*   **en cambio** *on the other hand*
peinarle (se) *to comb* [*his*] *hair*   **arreglarle (arreglar)** *fix* [*his*]*, arrange*
cabello *hair*   **calvo** *bald*
arrancarle (arrancar) *to pull out* [*his*]   **entregar** *to turn over (to someone), to give*

Preguntas sobre la lectura

1. ¿Cuántas esposas tenía el hombre y cómo eran?
2. ¿Lo querían ellas? ¿Cómo deseaban verlo?
3. ¿Qué le estaba ocurriendo al cabello del hombre?

4. ¿Por qué no le gustaba esto a la esposa joven? ¿Qué hacía ella para solucionar este problema?
5. ¿Qué pensaba la esposa de más edad de lo que le estaba ocurriendo a su esposo? ¿Qué hacía ella?
6. ¿Cuál fue el resultado de esta divergencia de gustos de parte de las dos esposas?
7. ¿Qué nos advierte la moraleja?

DISCUSIÓN

1. ¿Qué nos indican las actividades de las dos esposas en cuanto a ellas mismas?
2. ¿Qué podemos deducir del carácter del hombre?
3. ¿Cómo debe ser el individuo para no encontrarse en esta situación?

El avaro

Una vez había un *avaro* que *escondía* en su jardín el oro que poseía. Todas las semanas iba furtivamente al jardín y se deleitaba° ante su riqueza. Observando esto, un *ladrón* fue, desenterró el oro y *huyó* con él. **enjoyed himself**

Al descubrir que su oro había desaparecido, el avaro *lloró* amargamente.° Cuando los *vecinos* vinieron a ver lo que había pasado, éste dio a conocer° la costumbre que tenía de venir a visitar su tesoro. **bitterly** **he made known**

Cuando preguntaron si *alguna vez* había sacado algo del tesoro, el avaro respondió: «No, yo sólo venía a contemplarlo.»

—En ese caso—dijo un vecino—vuelva y contemple el hueco°—le hará el mismo *provecho*. **empty space**

«Riqueza sin consumir bien puede° no existir.» **might just as well**

Vocabulario activo

avaro (n.) *miser, moneygrubber*
escondía (esconder) *used to hide, hid*
ladrón (m) *thief*
huyó (huir) *fled, escaped*

lloró (llorar) *cried*
vecino *neighbor*
alguna vez *at some time, at any time*
provecho *benefit, profit*

Preguntas sobre la lectura:

1. ¿Qué escondía el avaro y qué hacía con ello?
2. ¿Qué hizo un ladrón?
3. ¿Qué les explicó el avaro a sus vecinos?
4. ¿Qué le dijo al hombre uno de los vecinos?

DISCUSIÓN

1. Medite Ud. sobre la moraleja y explique si ésta es apropiada hoy en día.
2. ¿Cómo se habría evitado este problema del avaro?
3. ¿Para qué sirve el dinero? ¿Se puede obtener la felicidad total siendo millonario?

La zorra y las uvas

En un caluroso día de verano *paseaba* la *zorra* por un *huerto. De pronto* descubrió un racimo de uvas° a punto de madurar en una *vid* que crecía arrollada° a una alta *rama.*

    «Precisamente lo que necesito para apagar° la sed,» dijo. Y *retrocediendo* unos pasos metió carrera° y *saltó,* perdiendo° el racimo por un pelo.°

    Retrocediendo de nuevo, reunió todas sus fuerzas y a la voz de:° ¡uno, dos y tres!, dio un tremendo salto, pero no fue mejor el resultado.

    Una y otra vez° *se lanzó* al tentador bocado° pero finalmente tuvo que darse por vencida.° Retirándose con la nariz respingada,° comentó: «Para mí tengo que están verdes.»°

    «Resulta fácil de desdeñar lo que no se logra *conseguir.*»

bunch of grapes
wrapped around

quench
began running
missing / by an inch

at the count of

Again and again / fruit
give up
nose snub
The way I see it, they are green

Vocabulario activo

paseaba (pasear) *strolled, prowled*
zorro (a) *fox*
huerto *orchard*
de pronto *suddenly*
vid (f) *vine*
rama *branch*

retrocediendo (retroceder) *backing up, moving back*
saltó (saltar) *jumped (over), leaped (over)*
se lanzó (lanzarse) *threw itself, rushed*
conseguir *to obtain, to achieve*

Preguntas sobre la lectura

1. ¿Qué descubrió la zorra mientras paseaba por un huerto?
2. ¿Qué se dijo la zorra a sí misma al hacer su descubrimiento? ¿Qué hizo?
3. ¿Cuántas veces repitió este procedimiento?
4. ¿Tuvo éxito la zorra en alcanzar el bocado?
5. Tras su fracaso, ¿qué concluyó la zorra?

DISCUSIÓN

1. ¿Cómo se puede interpretar la moraleja?
2. ¿Cree Ud. que esta moraleja encierra una lección para la vida contemporánea?
3. ¿Conoce Ud. a alguien [incluyéndose a sí mismo(a)] que alguna vez haya reaccionado de la misma manera que la zorra de esta fábula?
4. ¿Cuál habrá sido el valor de enseñar una lección por medio de una fábula?

SÍNTESIS

Vocabulario y práctica

1. Dé sinónimos de las siguientes palabras:
   querer   cabello   placer   esconder
   viejo   de pronto   entregar   fruta

2. Examine las palabras que siguen y dé dos o tres palabras que Ud. asocia con ellas:

esposo   entregar   hueco   riqueza
ladrón   huerto   deleitarse   compañera

3. Diga los antónimos de las siguientes palabras:

joven   pobre   entregar   avaro
caluroso   desaparecer   calvo   llorar

4. Haga frases originales y complete con las palabras que se encuentran en cada línea:
  a. jardín/avaro/esconder/oro.
  b. huerto/pasear/zorro/uvas.
  c. esposa/canas/arrancar/calvo.

5. Complete las frases siguientes con información de las lecturas:
  a. El avaro escondía el tesoro en su jardín porque _____
  b. La zorra se dio por vencida después _____
  c. La esposa de más edad le arrancó las canas porque _____

6. Diga en español:
  a. The avaricious man discovered that all his wealth had disappeared.
  b. In order to eat the grapes, the fox gave a tremendous jump.
  c. Each night the old man pulled white hairs from his head.

DISCUSIÓN GENERAL

1. ¿Qué animales asociaría Ud. con personajes de la vida política o con artistas? Haga una lista pensando en las características de los animales.

2. Compare el método de desarrollo de la narrativa en los *Ejemplos* de *El Conde Lucanor* y en las fábulas clásicas; analice el uso de personajes, el estilo y uso del lenguaje; indique las diferencias que Ud. nota en ambas formas de narrativa.

3. ¿Para qué sirve la lectura de los *Ejemplos* y de las fábulas clásicas? ¿para entretención o para aprender algo sobre la vida? ¿Encuentra Ud. que este tipo de narrativa con una moral tendría un gran impacto social en nuestra época actual?

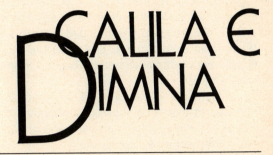

CALILA E DIMNA

5

CALILA E DIMNA originated in India and was translated into Spanish from Arabic. The translation was attributed to the initiative of Alfonso X and it signals the advent of the Oriental tale in Castilian prose. The selection included here has a simple plot which is intended to teach a moral lesson. It uses little dialogue and, due to its brevity, does not attempt to develop the characters beyond a simple presentation of them.

Calila e Dimna is an important example of the short narrative in that it combines the attributes of conciseness typical of the genre[G] with a strong and dramatic tale which the reader can easily appreciate.

Libro de Calila e Dimna (Selección)

La mujer tenía un hijo muy bello. Su marido y ella estaban muy gozosos° con él. *Sucedió* un día que se fue la madre a la ciudad y le dijo a su marido: «*Cuida* a tu hijo hasta que yo vuelva.»

    Estuvo él un rato,° y después tuvo que salir. No había nadie que cuidase al niño, excepto su *perro*. Había en la casa una *cueva* de una *culebra* negra muy grande. La culebra salió y vino para *matar* al niño. Cuando el perro la vio saltó y la mató y se ensangrentó° todo el cuerpo.

    El marido volvió; al llegar a la puerta salió a recibirlo el perro con gran gozo.° El hombre, cuando vio al perro ensangrentado, perdió el seso° pensando que había matado a su hijo, y sin esperar más, le dio tal *golpe* que lo mató.

delighted

a while, a moment

got bloodstained

joy
lost his senses

Después entró y *halló* al niño vivo° y *sano,* y a la cule-   **alive**
bra muerta. Se dio cuenta° de lo que había pasado y co-   **He realized**
menzó a *llorar.* En esto° entró su mujer y le dijo: «¿Por qué   **At this moment**
lloras, y qué es esta culebra muerta, y nuestro perro, tam-
bién muerto?»

El hombre le *contó* lo que había pasado, y le dijo su
mujer: «Este es el fruto° del apresuramiento.° El que hace   **result of / being hasty**
las cosas sin pensar y sin estar seguro de lo que hace, *se
arrepiente* cuando ya es demasiado tarde.»

Vocabulario activo

sucedió (suceder) *it happened*
cuida (cuidar) *take care of*
cueva *cave*
perro *dog*
culebra *snake*
matar *to kill*
golpe (m) *blow, hit*

halló (hallar) *found, discovered*
sano *healthy, well*
lloras (llorar) *cry*
perro *dog*
contó (contar) *told (a story); counted*
se arrepiente (arrepentirse) *is sorry,
repents*

Preguntas sobre la lectura

1. ¿Qué le dijo la mujer a su esposo?
2. Después que los dos esposos habían salido, ¿quién se quedó cuidando al niño?
3. ¿Qué salió a hacer la culebra?
4. ¿Qué hizo el perro y cómo quedó este animal?
5. Cuando el marido volvió, ¿cómo reaccionó?
6. Cuando el hombre entró, ¿cómo halló al niño?
7. ¿Qué dijo la mujer al volver a la casa y hallar esta escena de violencia y desolación?
8. ¿Cuál fue el dictamen de la mujer?

DISCUSIÓN

1. ¿Le parece verosímil este cuento?
2. ¿Cómo reaccionaría Ud. en circunstancias similares?
3. ¿Qué nos indica la reacción del hombre de este cuento en cuanto al ser humano en general?

SÍNTESIS

Vocabulario y práctica

1. Dé antónimos de las siguientes palabras:

llorar	alguna vez	retroceder	perro
hallar	joven	cabellos negros	robar

2. ¿Qué se le ocurre a Ud. (*do you think of*) cuando ve las siguientes palabras? Piense en varias cosas:

calvo	zorro	rama
ladrón	golpe	perro
huerto	vecino	llorar
canas	matar	avaro
cueva	culebra	arrepentirse
alguna vez	uvas	

3. De todos los pares siguientes, ¿cuáles (no) pueden relacionarse en forma sucesiva? O sea (*In other words*), ¿cuáles de las segundas palabras de cada par (no) pueden ser el resultado de las primeras:

espada — cortar	culebra — cueva
zorro — uvas	de pronto — ayer
ladrón — robar	ponerse — gris
peinarse — calvo	cuidar — niño
de pronto — suceder	perro — zorro
golpe — matar	retroceder — avanzar

llorar — arrepentirse   sano — muerto
peinarse — canas   perder el seso — sano

4. Después de leer las siguientes palabras, ¿puede Ud. dar otra(s) que esté(n) relacionada(s) lingüísticamente con éstas? Por ejemplo: pescar—**pescado;** aconsejar—**consejo;**

obscuro — _____   vaciar — _____
carnicero — _____   tiro — _____
tierra — _____   cerca — _____
aprovechar — _____   jurar — _____
temor — _____   vecindad — _____
morir — _____

5. Dé una frase empleando los vocablos incluidos en el orden presentado

   a. esposa/ver/canas/placer
   b. ladrón/desenterrar/tesoro/huir
   c. zorra/¡uno, dos y tres!/saltar/perder/ramo

6. Explique lo que Ud. haría . . . (*Nota:* Emplee la forma *condicional* para contestar.)

   a. si tuviera canas . . .
   b. si fuera calvo(a) . . .
   c. si tuviera mucho oro . . .
   d. si tuviera hambre y sed y viera un racimo de uvas en una alta rama . . .

DISCUSIÓN GENERAL

1. Compare la técnica literaria empleada por los escritores del *Libro de los Ejemplos* y del *Libro de Calila y Dimna* para desarrollar sus temas.
2. Se dice que a veces el emplear la violencia a primer impulso ayuda al hombre a sobrevivir. ¿En qué circunstancias se podría aplicar esta creencia?

3. ¿Es costumbre en la literatura moderna el emplear animales que personifican debilidades humanas? ¿Recuerda Ud. algún título de libro cuyos personajes son animales?

4. ¿Por qué cree Ud. que estas narrativas de la Edad Media contienen temas de tipo didáctico y moral? ¿Para qué clase de público se escribían estos libros? Considere su respuesta desde el punto de vista histórico.

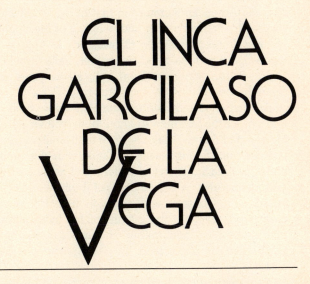

EL INCA GARCILASO DE LA VEGA

6

EL INCA Garcilaso de la Vega was born in Cuzco, Peru in 1539 and died in Spain in 1616. He is a major figure in Hispano-American literature in that he stands at the cross-roads—the first encounter and mingling of the Spanish and Indian cultures. His father, Garcilaso de la Vega y Vargas, was a Spanish captain and his mother, Palla Isabel Chimpu Ocllo, an Inca princess. Born only a few years after the Spanish conquest of the Inca empire in Peru, he was one of the first educated men to intimately know both cultures and one of the last men to know both in their pure forms. He blended the neo-classicism^G of the Renaissance and the characteristic Spanish sense of style with the native Inca and Quechua traditions of history and pride to illuminate and define the understanding of both worlds. Though raised as a Christian and although his writings reflect a great admiration for the culture of his Inca heritage and their developing monotheism,^{G} he uses a sixteenth century perspective to understand the Inca religious beliefs and customs.

In 1590 he achieved great renown with his translation from Italian into Spanish of León Hebreo's *Tres diálogos de amor* which deals with the neoplatonic^G conception of love. In 1609 he published the first part of *Comentarios reales* which is considered his masterpiece. It deals with the origin of the Incas, their religious beliefs, laws and government. He describes their lives and conquests before the arrival of Pizarro^G in 1534.

The selection which follows is taken from *Comentarios reales*. It represents the Inca version of the creation of man. As in the other short narratives you have seen on this topic, it is an attempt to understand and rationalize the complexities of the world around us.

El origen de los Incas, Reyes del Perú
(De los Comentarios Reales)

Dijo el Inca: nuestro padre el sol, viendo los hombres tales,° como te he dicho, se apiadó° y hubo lástima de ellos° y envió del cielo a la tierra un hijo y una hija de los suyos° para que los doctrinasen° en el *conocimiento* de nuestro padre el sol, para que lo adorasen° y tuviesen por su dios, y para que le diesen° preceptos y *leyes* en que viviesen como hombres en razón° y urbanidad;° para que habitasen en casas y pueblos poblados,° *supiesen labrar* las tierras, cultivar las plantas y mieses,° criar los *ganados* y *gozar* de ellos y de los frutos de la tierra como hombres racionales, y no como bestias. Con esta orden y mandato° *puso* nuestro padre el sol estos dos hijos en la *laguna* Titicaca,^G que está ochenta leguas° de aquí, y les dijo que fuesen por do° quisiesen, y doquiera° que *parasen a* comer o a dormir, procurasen hincar° en el *suelo* una varilla de oro,° de media *vara* de largo y dos dedos de *grueso,* que les dio para señal y muestra° que donde aquella *barra* se hundiese,° con un solo *golpe* que con ella diesen en tierra, allí quería el sol nuestro padre que parasen e hiciesen su asiento y corte. . . Habiendo declarado su *voluntad* nuestro padre el sol a sus dos hijos, los despidió de sí.° Ellos *salieron de* Titicaca, y caminaron al Septentrión,° y por todo el camino, doquiera que paraban, tentaban hincar° la barra de oro y nunca se les hundió.

	as they were / took pity
	of his own / be taught
	be worshipped
	be given
	with reason / civility
	populated
	grain fields
	command
	miles
	wherever / everywhere
	should try to stick
	golden rod
	sign and proof
	would sink
	bid them good-bye
	North
	tried to thrust in

Vocabulario activo

envió (enviar) *sent (from), sent (someone to do something)*
conocimiento *knowledge*
leyes (f) *laws*

supiesen (saber) + infinit. *would know how to + inf., could + inf.*
labrar *to work (the land), to farm*

ganado *livestock*
gozar *to enjoy*
puso (poner) *placed, put*
laguna *lake, pond*
parasen (parar) *stop, would stop*
suelo *ground; surface*

vara *yardstick (a measure of approx. 2.8 feet)*
grueso *thick, thickness*
barra *bar, rod*
golpe *thrust, push, blow*
voluntad *will, wish, volition, might*
salieron (salir) de *left*

Preguntas sobre la lectura

1. Según el Inca, ¿a quiénes envió el sol?
2. Enumere Ud. las varias razones por las cuales el sol mandó a sus hijos a la tierra.
3. ¿Dónde puso el sol a sus hijos? ¿Dónde está este lago?
4. ¿Qué debían hacer ambos hijos con la vara de oro?
5. Si tenían éxito con este procedimiento, ¿qué debían fundar los dos?
6. ¿Tuvieron éxito según esta narrativa?

DISCUSIÓN

1. Compare Ud. esta creación del mundo incaico con la del libro de *Génesis*.
2. ¿En qué rol van a descender los hijos del sol? O sea, ¿llegan a un mundo virgen y sin habitantes o vienen como civilizadores de culturas ya existentes?
3. Compare el rol de estos «civilizadores» con el rol desempeñado por otras civilizaciones del Viejo Mundo [por ejemplo, los romanos].

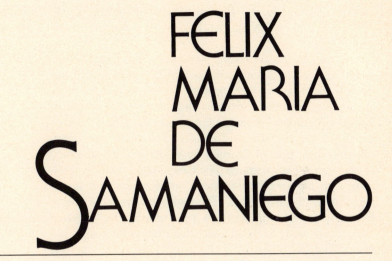

FELIX
MARIA
DE
SAMANIEGO

7

FÉLIX MARÍA DE SAMANIEGO (1745-1801) was one of the major fabulists^G of Spain. He followed the genre as it was established by the Roman fabulist Phaedrus (c. 40 A.D.) and the French fabulist Jean de la Fontaine (1621-1695).

As did his predecessors, Samaniego ridicules and exaggerates human defects such as ambition, vanity and hypocrisy in order to formulate a moral^G by which man should live. His style is gracious and natural. He wrote during the neo-classic^G period, a time when the fable was considered a favorite teaching vehicle. The fable was generally the first "poetry" learned by students. This tendency exists even today. Samaniego's fables have much in common with the prose microstory^G in that each one represents an entity of its own. The *genre* of the fable tells a story and provides the moral in a few words. The following fable deals with vanity, a trait which he attributes to the raven. The fox is given the characteristic of being cunning and sly. Notice that although prose is the most common vehicle employed to create a microstory, verse seems here to be a very adequate means to narrate a complete episode.

El cuervo y el zorro

En la *rama* de un árbol,
bien ufano° y contento   proud
con un *queso* en el *pico*
estaba el señor *Cuervo*.
Del *olor* atraído
un *Zorro* muy maestro,°   clever
le dijo estas palabras,
o poco más o menos:°   more or less
    «Tenga usted buenos días,
señor Cuervo, mi dueño,°   lord
vaya que estáis donoso,°   how gracious you are
mono, lindo en extremo;
yo no *gasto lisonjas,*
y digo lo que siento;
que si a tu bella traza°   appearance
corresponde el gorjeo°   chirping
juro a la diosa Ceres°   Roman goddess of
siendo *testigo* el cielo,   agriculture
que tú serás el fénix°   the marvel
de sus vastos imperios.»
    Al oír un *discurso*
tan dulce y halagüeño,°   flattering
de vanidad llevado,°   moved by
quiso cantar el Cuervo.
Abrió su negro pico,
dejó caer el queso;
el astuto Zorro,
después de haberle preso,°   caught
le dijo: «Señor bobo,°   silly lord
pues° sin otro *alimento,*   since
quedáis con alabanzas°   praise
tan hinchado° y *repleto,*   puffed up
digerid las lisonjas
mientras yo como el queso.»

Quien oye aduladores,°   flatterers
nunca espere° otro *premio.*   should never expect

Vocabulario activo

rama *branch*
queso *cheese*
pico *beak*
cuervo *crow*
olor (m) *smell, odor*
mono (adj.) *attractive, cute*
gasto (gastar) *waste (pej., words, etc.),*
　　　　　　 spend (money, time)
lisonja *flattery*

juro (jurar) *I swear (an oath), I vow*
testigo *witness*
discurso *speech, address*
dejó (dejar) caer *dropped*
alimento *nourishment, food*
quedáis (quedar) *you remained*
premio *prize, reward*
repleto *full*

Preguntas sobre la lectura

1. ¿Quién estaba en la rama?
2. ¿Cómo se sentía éste?
3. ¿Qué atrajo al Zorro?
4. ¿Cómo alaba el Zorro al Cuervo?
5. ¿Qué hace el Cuervo al oír estas lisonjas?
6. ¿Dónde cae el queso que el Cuervo tenía en el pico?
7. Según el Zorro, ¿de qué deberá el Cuervo satisfacerse?
8. Según la moraleja, ¿se debe esperar recibir adulación y premio?

DISCUSIÓN

1. Según su interpretación, ¿qué no debe hacer la persona que oye lisonjas dirigidas a sí?
2. ¿Qué nos indica acerca del Cuervo el hecho de que éste acepta las lisonjas del Zorro?
3. ¿Cree Ud. que el Zorro sabe de antemano (*beforehand*) lo que el Cuervo piensa de sí mismo?
4. ¿Cómo es que mucha gente reacciona ante lisonjas de parte de otros? ¿Cuál reacción es mejor, la del Cuervo o la de la mayoría de la gente?
5. ¿Podría Ud. imaginarse cómo actuaría ante una situación similar? ¿Le gustaría recibir lisonjas que no son ciertas?

DOMINGO
FAUSTINO
SARMIENTO

8

DOMINGO FAUSTINO SARMIENTO (1811-1888) is considered by many to have been the best prose writer that Argentina has ever produced. Through his work he voiced the innermost feelings of his countrymen.

He was a self-made man who studied hard and worked at a wide variety of jobs, from teacher and storekeeper to miner. He fought Rosas' dictatorship in Argentina and contributed to this dictator's fall in 1852. His talents were first appreciated in Chile where he founded the first teachers' college. He also served as ambassador to the United States (1865-1868) and later as president of Argentina (1868-1874). The motto by which he ruled was: to govern is to educate.

Despite his many travels, Sarmiento found time to write fifty-two volumes of prose. His masterpiece, which explains the essence of his thought, is *Facundo o civilización y barbarie*. This work is a sociopolitical essay which brings together his political and social theses. The work is divided into three parts. In the first he describes the geographical, physical and cultural aspects of Argentina. The second part is a biography of Juan Facundo Quiroga, a "caudillo" who had considerable power in Argentina during the middle of the nineteenth century. The third part is a satirical criticism of Rosas as well as a summary of his own political ideas.

The selection which follows is taken from the second part. It shows the intelligence of the gaucho,[G] Quiroga, a man to be admired and feared; an example of the uncivilized nature of the "other half" of Argentina. Although the selection is part of an entire essay, this passage is a self-contained episode and as such can stand alone and serve as an example of the short narrative.

Facundo: civilización y barbarie (Selección)

Entre los individuos que formaban una compañía ha-
bíanse robado un objeto, y todas las diligencias° practica-
das para descubrir al *raptor* habían sido infructuosas.° Qui-
roga° forma la tropa, hace cortar tantas varitas de igual
tamaño cuantos soldados había;° *hace* en seguida *que* se
distribuyan a cada uno, y luego, con voz segura, dice:
«Aquél *cuya* varita *aparezca* mañana más grande que las
demás, ése es el *ladrón*.» Al día siguiente formóse° de
nuevo la tropa, y Quiroga procede a la verificación y comparación de las varitas. Un soldado hay, empero,° cuya
vara aparece más corta que las otras. «¡Miserable!° —le
grita Facundo con voz aterrante—,° ¡tú eres . . .» Y, en
efecto,° él era; su *turbación* lo dejaba conocer demasiado.
El *expediente*° es *sencillo*: el crédulo gaucho, temiendo
que, efectivamente,° *creciese* su varita, le había cortado un
pedazo. Pero se necesita cierta superioridad y cierto *conocimiento* de la *naturaleza* humana para valerse° de estos
medios.

	steps, methods
	unsuccessful
	Argentine gaucho
	as many small twigs as there were soldiers
	stood in line
	however
	Wretch!
	threatening
	sure enough
	device
	in fact
	make use of

Vocabulario activo

raptor *thief, kidnapper*
hace (hacer) que *sees to it that; orders that*
cuyo(a) *whose*
aparezca (aparecer) *would appear*
ladrón (m) *thief, robber*
grita (gritar) *shouts*

turbación *confusion*
sencillo *simple*
creciese (crecer) *might grow, could grow*
pedazo *piece, chunk*
conocimiento *knowledge*
naturaleza *nature*
medio *means, method*

Preguntas sobre la lectura

1. ¿Qué había ocurrido entre los individuos que formaban la
   compañía?

2. ¿Habían tenido éxito todas las diligencias hechas para descubrir al raptor?
3. ¿Qué mandó hacer Quiroga?
4. ¿Qué hizo con cada varita?
5. ¿Qué dijo Quiroga a su compañía?
6. Al día siguiente, ¿en qué condición están las varitas?
7. ¿Qué había ocurrido con esta varita más corta?
8. ¿Qué se necesita para valerse de estos medios?

DISCUSIÓN

1. ¿En qué se basa Facundo Quiroga para hallar al culpable?
2. ¿Qué cree Ud. que piensa el autor de Facundo Quiroga? ¿En qué se basa esto?
3. ¿Qué haría Ud. en la misma situación?
4. Cuente en forma breve algún caso que Ud. conozca en el cual el culpable del crimen se da a conocer sin tener intención de hacerlo.

SÍNTESIS

Vocabulario y práctica

1. Dé los antónimos de las palabras siguientes:

origen   ignorancia   comenzar
desaparecer   insulto   complicado

2. Dé un sinónimo de cada una de las palabras siguientes:

ladrón   labrar   sencillo
detenerse   comienzo génesis

3. Escoja aquellos vocablos de la segunda columna que podrían asociarse con cada uno de los de la primera columna:

ganado	venado
bestia	tierra
rama	ruido
cuervo	alimento
pico	labrar
camino	queso
gritar	rama
trabajar	mono
génesis	medio
maíz	costilla
varilla	origen
dejar caer	naturaleza

4. Complete las frases siguientes usando una palabra adecuada obtenida del vocabulario activo de las tres lecturas pasadas:

a. Una persona de mucha educación normalmente tiene muchos _____.

b. Donde hay _____ hay _____.

c. Un _____ es aquella persona que no obedece la _____.

d. El _____ del _____ se abre al oír la _____ del _____.

e. El cuervo _____ caer el _____ y el _____ se lo comió.

5. Haga una frase empleando los vocablos incluidos en el orden presentado:

a. cuervo/dejar caer/queso/tener/pico

b. cuervo/ufano/contento/estar/rama

c. El Inca/poner/hijos/Titicaca/varilla

d. gaucho/cortar/pedazo/vara/porque/temer/crecer

DISCUSIÓN GENERAL

1. ¿Cuál es el rol de la moraleja en *El cuervo y el zorro* y en *Facundo*? ¿Tienen algún punto en común?

2. En *El cuervo y el zorro,* la vanidad causa el fracaso del zorro y, en *Facundo,* es la propia conciencia del soldado. ¿Cree Ud. que los mismos seres humanos son los causantes de su propia desgracia?

3. Haga una comparación entre la narrativa de *Calila e Dimna* y de *Facundo.* ¿Qué tienen en común? ¿Cómo son los personajes? ¿Están bien desarrollados o solamente los conocemos por alguna acción buena o mala?

4. En la vida diaria, ¿cómo podríamos deducir si una persona es honesta o deshonesta? ¿Es humano el engañarse a sí mismo?

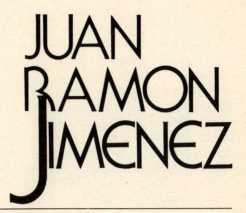

9

JUAN RAMÓN JIMÉNEZ (1881-1958) received the Nobel Prize for Literature in 1956. His work displays a subtle, delicate and refined spirit. He is considered one of the purest of modern Spanish lyricists. Jiménez strove toward an intimate and subjective expression of emotion. He sought to touch his readers and to evoke in them an emotional reaction and experience.

Platero y yo, elegía andaluza (1914) is the tale of Jiménez's inseparable friend, a small donkey named Platero. Platero is almost a person. The story is candid, realistic, comical and tender. It is the author's most vivid and enjoyable text. His Platero is the modern day parallel of Rocinante, Don Quijote de la Mancha's famous horse.

The following selections are individual chapters of the complete *Platero y yo*. Although as a whole, these chapters are episodic in nature, each one provides an intimate glimpse of the noble beast and can easily stand on its own merit in very much the same way that a beautiful painting can.

Platero

Platero es pequeño, *peludo, suave;* tan *blando* por fuera,° que se diría todo de *algodón,* que no *lleva huesos.* Sólo los *espejos* de azabache° de sus ojos son duros cual° dos *escarabajos* de cristal negro.

    Lo dejo *suelto,* y se va al prado, y *acaricia* tibiamente° con su *hocico,* rozándolas° apenas, las florecillas rosas, celestes y gualdas°. . . Lo llamo dulcemente: «¿Platero?», y viene a mí con un trotecillo° *alegre,* que parece que se ríe en no sé qué cascabeleo ideal°. . .

    Come cuanto le doy. Le gustan las naranjas mandarinas, las *uvas* moscateles, todas de ámbar, los higos morados,° con su cristalina gotita° de *miel.* . .

    Es tierno y *mimoso* igual que un niño, que una niña . . . ; pero *fuerte* y seco como de *piedra.* Cuando paso° sobre él, los domingos, por las últimas callejas° del pueblo, los hombres del campo, vestidos de limpio° y despaciosos,° se quedan mirándolo: —Tiene acero. . .°

    Tiene *acero.* Acero y *plata* de luna, *al mismo tiempo.*

Margin glosses:
- on the outside
- jetblack / like (poetic)
- warmly
- grazing
- yellow
- little trot
- in a sort of ideal jingling
- purple figs / droplet
- ride / alleys, side streets
- in Sunday clothes
- slow / has strength

Vocabulario activo

peludo *furry, hairy*
suave *soft (velvety)*
blando *soft (as a pillow)*
algodón (m) *cotton*
no lleva (llevar) *doesn't have, doesn't carry*
hueso *bone*
espejo *mirror*
escarabajo *beetle*
suelto *loose*
acaricia (acariciar) *caresses, pets*

hocico *muzzle (of an animal)*
alegre *joyful, happy*
uvas *grapes*
miel (f) *honey*
mimoso *fond*
fuerte *strong*
piedra *stone*
acero *steel; strong (fig. as steel); grey (color of)*
plata *silver*
al mismo tiempo *at the same time*

Preguntas sobre la lectura

1. ¿Cómo es Platero?
2. ¿Qué parecen los ojos de Platero?
3. ¿Qué hace Platero cuando va al prado?
4. ¿Cómo es el trotecillo del asno?
5. ¿Qué cosas le gustan comer a Platero?
6. ¿En qué se parecen Platero y un niño?
7. ¿Qué dicen los hombres del campo cuando ven pasar a Platero?

DISCUSIÓN

1. Describa Ud. las impresiones que recibe tras la descripción de Platero.
2. Comente Ud. sobre el método empleado por el autor para atraer los cinco sentidos del lector. O sea, ¿qué suscitan en el lector las referencias a los colores, las frutas, el trotecillo alegre y la piel de Platero?
3. ¿Qué relación ve Ud. entre el nombre *Platero* y la apariencia del asno?
4. Describa Ud. a su animal favorito y use los adjetivos que aparecen en la lectura.

El perro sarnoso

Venía, a veces, *flaco* y anhelante,° a la casa del *huerto.* El   **expectant**
pobre andaba siempre huido,° acostumbrado a los gritos y   **cowed**
a las pedreas.° Los mismos perros le *enseñaban* los *colmi-*   **stonings**
llos. Y se iba otra vez, en el sol del mediodía, *lento* y triste,°   **sad**
monte abajo.

     Aquella tarde, llegó detrás de Diana. Cuando yo salía,
el guarda, que en un arranque° de mal corazón había sa-   **fit**
cado la *escopeta, disparó* contra él. No tuve tiempo de *evi-*
tarlo. El pobre perro, con el *tiro* en las entrañas,° *giró* verti-   **entrails**
ginosamente° un momento, en un redondo *aullido* agudo,   **very fast**
y cayó muerto bajo una acacia.

     Platero miraba al perro fijamente,° erguida° la cabeza.   **steadily / straight**
Diana, temerosa, *andaba escondiéndose* de uno en otro.°   **here and there**
El guarda, arrepentido quizá, daba largas razones° no sabía   **long excuses**
a quién, indignándose° sin poder, queriendo acallar° su re-   **becoming angry / pacify**
mordimiento. Un velo parecía enlutecer° el sol; un velo   **darken**
grande, como el velo pequeñito que nubó° el ojo sano del   **put a film or cloud over**
perro asesinado. Abatidos° por el viento del mar, los euca-   **Swaying**
liptos° lloraban más reciamente° en el hondo silencio aplas-   **gum tree / harder**
tante° que la siesta *tendía* por el campo de oro, sobre el   **depressing**
perro muerto.

Vocabulario activo

flaco *thin*
huerto *orchard, vegetable garden*
enseñaban (enseñar) *showed, used to show*
colmillo *fang*
lento *slow(ly)*
escopeta *shotgun*
disparó (disparar) *shot at*

evitarlo (evitar) *avoid it*
tiro (n) *shot*
giró (girar) *turned around, twisted*
aullido *howl*   **aullar** *to howl*
andaba (andar) escondiéndose *was hiding (herself)*   **esconder (se)** *to hide (oneself)*
tendía (tender) *spread out, extended over*

Preguntas sobre la lectura

1. ¿Quién venía a la casa del huerto?
2. ¿Qué hacían los otros perros?
3. ¿Qué hizo el guarda con la escopeta?
4. ¿Qué le ocurrió al pobre perro?
5. ¿Qué hacía Platero al verlo muerto? ¿y el guarda?
6. ¿Cómo demuestra la naturaleza su tristeza ante el suceso?

DISCUSIÓN

1. ¿Por qué estará el perro sarnoso acostumbrado a las cruel-
   dades que sufre?
2. ¿Quiénes son más crueles, los otros animales o el guarda?
3. ¿Qué demuestra la reacción de la naturaleza, en las palabras
   del autor?
4. ¿Cuál es la moral de esta narrativa?

Susto°

Fright

Era la *comida* de los niños. Soñaba° la lámpara su rosada lumbre° tibia sobre el *mantel* de nieve, y los geranios rojos y las pintadas manzanas coloreaban de una áspera° alegría aquel sencillo idilio° de *caras* inocentes. Las niñas comían como mujeres; los niños *discutían* como algunos hombres. Al fondo,° dando el pecho° a un pequeñuelo, la madre, joven, *rubia* y *bella,* los miraba sonriendo. Por la ventana del jardín, la clara noche de estrellas *temblaba,* dura y fría.

De pronto, Blanca *huyó,* como débil rayo, a los brazos de la madre. Hubo un súbito° silencio, y luego, en un *estrépito* de sillas caídas,° todos corrieron tras de ella, con un raudo alborotar,° mirando, espantados,° a la ventana.

¡El tonto° de Platero! Puesta en el cristal su cabezota° blanca, agigantada por la *sombra,* los cristales y el *miedo,* contemplaba, quieto° y triste, el dulce *comedor* encendido.

casting dimly light

coarse, bitter

idyllic scene

In the background / nursing

sudden

falling

confusion / terrified

Foolish / big head

still

Vocabulario activo

comida *supper*
mantel (m) *tablecloth*
caras *faces*
discutían (discutir) *were discussing, were arguing*
rubio *blond*
bello *beautiful*

temblaba (temblar) *trembled, was trembling*
huyó (huir) *fled, escaped, ran away*
estrépito *shattering din, great noise*
sombra *shadow*
miedo *fear*
comedor (m) *dining room*

Preguntas sobre la lectura

1. Describa Ud. la escena presentada en el primer párrafo.
2. ¿Qué hizo Blanca, de pronto?

3. ¿Qué hicieron los otros niños inmediatamente después?
4. ¿En qué dirección miraron todos?
5. ¿Qué hacía Platero?

DISCUSIÓN

1. Compare Ud. el ambiente del primer párrafo con el del segundo.
2. ¿Cómo se asemejan el primer párrafo y el tercero?
3. ¿Qué cree Ud. que entristece a Platero?
4. ¿Ha tenido Ud. en su niñez (*childhood*) alguna experiencia parecida?

El canario vuela

Un día, el canario verde, no sé cómo ni por qué, *voló* de su *jaula.* Era un canario viejo, *recuerdo* triste de una muerta,° al que yo *no había dado libertad* por miedo de que° *se muriera* de hambre o de frío, o de que *se lo comieran* los gatos.

    Anduvo toda la mañana entre los granados° del *huerto,* en el pino° de la puerta, por las lilas. Los niños estuvieron, toda la mañana también, sentados en la galería, absortos° en los breves vuelos del pajarillo amarillento.° Libre, Platero, holgaba° junto a los rosales, jugando con una *mariposa.*

    A la tarde, el canario se vino° al *tejado* de la casa grande, y allí se quedó largo tiempo, latiendo° en el suave sol que declinaba. De pronto, y sin saber nadie cómo ni por qué, apareció en la jaula, otra vez alegre.

    ¡Qué alborozo° en el jardín! Los niños *saltaban* tocando las palmas, arrebolados° y rientes° como *auroras*; Diana, loca, los seguía, *ladrándole* a su propia y riente campanilla:° Platero, contagiado,° en un oleaje° de carnes de plata,° igual que un chivillo,° *hacía corvetas,* giraba sobre sus *patas,* en un vals tosco,° y poniéndose en las manos, *daba coces* al aire claro y tibio . . .

Marginal glosses:
- dead woman
- for fear that
- pomegranate trees
- at the pine tree
- enraptured
- yellowish / was loafing
- fled
- throbbing
- What an excitement
- their faces flushed / laughing
- bell / excited / moving
- silver body / starling
- awkward

Vocabulario activo

voló (volar) *flew*
jaula *cage*
recuerdo *memory, memento*
no había dado (dar) libertad *had [not] set free*
se muriera (morirse) *would die*

se lo comieran (comerse) *would be eaten*
huerto *orchard, vegetable garden*
mariposa *butterfly*
tejado *roof*
saltaban (saltar) *were jumping*

aurora *dawn*
ladrándole (ladrar) *barking at*
hacía (hacer) corvetas *(was) leaping*

patas *hooves, legs (used to name the extremities of most animals)*
daba (dar) coces *was kicking [by a horse, a donkey, etc.]*

Preguntas sobre la lectura

1. ¿Qué hizo, un día, el canario verde?
2. ¿Cómo era este canario?
3. ¿Qué hizo el canario toda la mañana?
4. ¿Qué hicieron los niños durante los vuelos del canario? ¿y Platero?
5. A la tarde, ¿adónde se vino el canario?
6. ¿En qué lugar acabó por entrar el pájaro?
7. ¿Cómo reaccionaron los niños? ¿y Diana, la perra? ¿y Platero?

DISCUSIÓN

1. ¿Por qué será que el canario vuelve a su jaula? ¿Es esto algo inesperado (*unexpected*)?
2. Compare Ud. la alegre «libertad» del canario con la «libertad» de Platero.
3. ¿Qué influencia tiene la breve libertad del canario sobre Platero?
4. Haciendo uso de sinónimos, describa Ud. lo que el canario pensaría al observar la escena del jardín.

La carretilla

En el *arroyo* grande, que la *lluvia* había dilatado hasta la viña, nos encontramos, atascada,° una vieja *carretilla*, toda perdida bajo su *carga* de hierba y de naranjas. Una niña, rota° y *sucia*, *lloraba* sobre una *rueda*, queriendo ayudar con el *empuje* de su pecho en flor° al borriquillo,° más pequeño ¡ay! y más *flaco* que Platero. Y el borriquillo se destrozaba° contra el viento, intentando,° inútilmente, *arrancar* del fango° la carreta, al grito sollozante° de la chiquilla.° Era vano su esfuerzo, como el de los niños valientes, como el vuelo de esas brisas cansadas del verano que se caen, en un desmayo,° entre las flores.

Acaricié a Platero, y, como pude, lo enganché° a la carretilla, delante del borrico miserable.° Le obligué,° entonces, con un cariñoso imperio,° y Platero, *de un tirón*, sacó carretilla y rucio° del atolladero,° y les subió la cuesta.°

¡Qué *sonreír* el de la muchacha! Fue como si el sol de la tarde, que *se rompía*, al *ponerse* entre las nubes del agua, en amarillos cristales, le encendiese° una aurora tras sus tiznadas° *lágrimas*.

Con su llorosa alegría, me ofreció dos escogidas naranjas. Las tomé, agradecido, y le di una al borriquillo débil,° como dulce consuelo, otra a Platero, como *premio áureo*.°

stuck	
shaggy	
small bosom / small burro	
struggled / trying	
mud / sobbing / youngster	
trail	
I hitched him up	
pitiable / I pushed him	
affectionate command	
small burro / muddy place / uphill	
had lit up	
grimy	
weak	
golden	

Vocabulario activo

arroyo *brook, stream*
lluvia *rain*
carretilla *small cart*
carga *load*
sucio *dirty, soiled*

lloraba (llorar) *was crying, cried*
rueda *wheel*
empuje *push*
flaco *thin, skinny*

arrancar *to pull out, to free*
acaricié (acariciar) *petted, stroked*
de un tirón *with one pull*
sonreír *to smile, smile (with preceding adjective)*

se rompía (romperse) *was breaking*
ponerse + el sol *to set (the sun)*
lágrimas *tears*
premio *reward*

Preguntas sobre la lectura

1. ¿Qué se encontraron, los protagonistas, en el arroyo grande?
2. ¿Qué hacía la niña, rota y sucia?
3. ¿Cómo era el pobre borriquillo?
4. ¿Qué intentaba hacer este animal?
5. ¿Qué hizo el protagonista con Platero?
6. ¿Qué logró hacer Platero?
7. En gratitud, ¿qué hizo la niña?

DISCUSIÓN

1. Describa Ud. al protagonista según su comportamiento (*behavior*).
2. ¿Cómo describiría Ud. a la muchacha?
3. ¿Qué diferencias ve Ud. entre Platero y el borriquillo de la chiquilla?
4. Según su punto de vista (*viewpoint*), ¿quiénes son los verdaderos héroes de esta narrativa?

SÍNTESIS

Vocabulario y práctica

1. Estudie el vocabulario activo de estas lecturas de Juan Ramón Jiménez. Ahora:

   a. Escoja por lo menos *seis* palabras que se puedan asociar con un perro.

b. Dé *cinco* palabras que se puedan usar con referencia a Platero.

c. Recuerde el episodio del perro sarnoso. Bueno, dé *cinco* palabras que asocia con este pobre animal.

2. Lea las siguientes palabras. Ahora, piense en otras palabras que tengan un sentido contrario [*an opposite meaning or sense*] a ellas:

peludo acariciar   rápido   sol
grueso sollozar   jaula   sal

3. Haga frases originales escogiendo de los vocablos del vocabulario activo que se incluyen aquí:

a. perro   por fuera   peludo   hocico   colmillos
   flaco   comida   acariciar   sucio   saltar
   aullar   alegre   fuerte   mimoso   ladrar
b. algodón   peludo   blando   carga   acariciar
   dar coces   hocico   espejo   esfuerzo   carretilla
   lento   flaco   plata   acero

4. Escoja Ud. la definición de la segunda columna que mejor exprese el significado de cada una de las palabras de la primera:

jaula	no hacer algo
por fuera	hueso dental
sucio	polvo, tierra
recuerdos	expresión melancólica de un perro
lágrimas	memorias del pasado
comida	metal fuerte y útil
miel	ruido
al mismo tiempo	expresión emotiva que sale de
ladrar	los ojos
perro	dulce y nutritiva y sale de las
canario	flores
aullido	ni antes ni después
estrépito	conversación de un perro
colmillo	movimiento de una mariposa
volar	alimento
evitar	en el exterior solamente
acero	sin libertad y en la prisión

DISCUSIÓN GENERAL

1. ¿Cuáles son los temas que aparecen en estos microcuentos de Juan Ramón Jiménez?
2. ¿Con qué fin habrá escogido el autor un burro como protagonista de esta narrativa en vez de otro animal?
3. ¿Qué método emplea el autor para desarrollar su relato? ¿Qué importancia tiene la naturaleza en la narrativa?
4. Compare Ud. la actuación de los animales que aparecen en estos relatos sobre Platero con la de los animales de las fábulas de *El cuervo y el zorro* y de *La zorra y las uvas.* ¿Observa Ud. algunas características comunes, o diferencias entre estos animales?
5. ¿Encuentra Ud. la historia de Platero apropiada para niños? ¿Cómo cree Ud. que los niños reaccionarán con las aventuras de este burro?
6. ¿Le parece a Ud. que la prosa tiene un tono moral o poético? Explique.
7. Describa Ud. una relación personal que haya tenido con algún animal y compárela con la del autor de *Platero.*

JORGE
LUIS
BORGES

10

JORGE LUIS BORGES, born in 1899 in Buenos Aires and winner of the Argentine National Prize for Literature in 1957, has regularly been a finalist for the Nobel Prize in Literature. Widely read and fluent in several languages, Borges is an essayist, a poet and a short story writer. Creator of a new genre,[G] formed by the combination of the essay and the tale, he exhibits a fine interplay of intelligence and imagination, analysis and fantasy, fiction and reality. An independent thinker, Borges frequently criticizes what he calls the "sacred cows" (writers considered sacred and beyond criticism) and praises the lesser-known literary figures. His literary prestige is such that his judgments carry weight.

Borges' short stories have placed him among the foremost literary figures of today. His short stories present unusual themes and locales. He is preoccupied with the concepts of time and space. In his stories these two dimensions can occur anywhere and at any time, there are often permutations of these two elements. Thus the tales challenge the reader to mental gymnastics and attract the lover of literature, the philosopher, the mathematician and the linguist. In this story Borges uses the symbol of the labyrinth which, for him, symbolizes the consciousness of everyone's life.

Those acquainted with his writings can justify the claim that the existence of a Jorge Luis Borges confirms the intellectual and artistic maturity of Hispanic literature.

Los dos reyes y los dos laberintos

Cuentan los hombres dignos de *fe* (pero Alá° sabe más) que en los primeros días hubo un rey de las islas de Babilonia que congregó a sus arquitectos y magos y les *mandó construir* un *laberinto* tan perplejo y *sutil* que los varones° más prudentes no se aventuraban a entrar, y los que entraban *se perdían*. Esa *obra* era un escándalo, porque la confusión y la maravilla son operaciones propias de Dios y no de los hombres. Con el andar del tiempo° vino a su corte un rey de los árabes, y el rey de Babilonia (para *hacer burla* de la simplicidad de su *huésped*) lo hizo penetrar en el laberinto, donde vagó afrentado° y confundido hasta la declinación de la tarde. Entonces imploró *socorro* divino y *dio con* la puerta. Sus *labios* no profirieron° *queja* ninguna, pero le dijo al rey de Babilonia que él en Arabia tenía un laberinto mejor y que, si Dios era servido,° se lo *daría a conocer* algún día. Luego *regresó* a Arabia, *juntó* sus capitanes y sus alcaides° y estragó° los reinos de Babilonia con tan venturosa fortuna que *derribó* sus castillos, rompió sus gentes e hizo cautivo al mismo rey. Lo *amarró* encima de un camello veloz° y lo llevó al desierto. *Cabalgaron* tres días, y le dijo: «oh, rey del tiempo y substancia y cifra° del siglo!, en Babilonia me quisiste° *perder* en un laberinto de bronce con muchas *escaleras*, puertas y muros;° ahora el Poderoso° ha tenido a bien° que te muestre el mío, donde no hay escaleras que subir, ni puertas que forzar, ni fatigosas galerías que recorrer,° ni muros que te veden° el paso.»

    Luego le *desató* las ligaduras° y lo abandonó en mitad del desierto, donde murió de hambre y de sed. La gloria sea con° Aquel que no muere.

Allah (from the Arabic for God)

men

With the passing of time

outraged

didn't utter

willing

governors / ruined

swift
sum total
you tried to
walls
The Almighty / has seen fit
to go through / block
bonds, ties

glory be to

Vocabulario activo

fe (f) *faith; belief*
saber *to know*
mandó (mandar) construir *ordered to build*
sutil *subtle*
obra *work, construction; deed*
perderse *to become lost*
hacer burla *to mock, to ridicule*
huésped (m) *guest*
vagó (vagar) *to wander, to roam*
laberinto *maze, labyrinth*
socorro *help, aid*
dio (dar) con *came across*

labio *lip*
queja *complaint*
daría (dar) a conocer *would make known*
regresó (regresar) *returned*
escalera *stairway*
juntó (juntar) *gathered*
derribó (derribar) *destroyed, knocked down*
amarró (amarrar) *tied, fastened*
cabalgaron (cabalgar) *rode on horseback*
perder *to lose; to get lost*
desató (desatar) *untied, unfastened*

Preguntas sobre la lectura

1. Según los hombres dignos de fe, ¿qué hizo el rey?
2. ¿Cómo era el laberinto que se construyó?
3. ¿Por qué era un escándalo este laberinto?
4. ¿Quién vino a la corte del rey de Babilonia?
5. ¿Cómo intentó éste burlarse de su huésped?
6. ¿Cómo logró salir del laberinto el rey árabe?
7. ¿Qué tenía el rey árabe en Arabia?
8. Cuando regresó a Arabia, ¿qué hizo el rey?
9. ¿A dónde llevó el rey árabe al rey de Babilonia?
10. ¿Cómo es el laberinto del rey árabe? ¿Qué es?

DISCUSIÓN

1. Consulte una enciclopedia (*Americana*) o un diccionario geográfico y verifique los datos que el autor da sobre Babilonia. ¿Está Ud. de acuerdo con su autenticidad?
2. ¿Diría Ud. que el rey de Babilonia trataba a sus huéspedes con cortesía?
3. ·¿Está bien justificada la actuación del rey de Arabia?
4. ¿Qué haría Ud. si alguien se burlara de su simplicidad?

SÍNTESIS

Vocabulario y práctica

1. Dé Ud. un sinónimo para cada una de las palabras siguientes:

dar con   implorar   socorro   congregar

afrentar   hacer burla   obra   cifra

2. Dé los antónimos de las siguientes palabras:

hambre   morir   día   primero

simplicidad   subir   queja   fortuna

3. Haga una frase empleando los vocablos siguientes en el orden presentado:

   a. El rey/construir/laberinto/el rey árabe/perderse

   b. Ahora/mostrar/no haber/escaleras/subir

   c. primeros días/haber/rey de Babilonia/congregar/arquitectos

4. Lea con atención las frases siguientes y dé la forma más apropiada del tiempo pasado/imperfecto del verbo que aparece al margen.

regresar   1. Después de la burla del rey de Babilonia, el rey de Arabia _____ a su país.

subir   2. El rey de Babilonia no _____ por ninguna escalera.

dejar/dar con   3. Vagando por el laberinto, no _____ de pedir socorro hasta que _____ la puerta.

cabalgar   4. Por tres días _____ por el desierto.

aventurarse   5. Los arquitectos y los magos no _____ a entrar al laberinto.

DISCUSIÓN GENERAL

1. En su opinión, ¿cuál laberinto es más perplejo y sutil, el del rey de Babilonia o el del rey árabe? ¿Por qué?

2. Reflexione Ud. sobre lo que es un laberinto. ¿Existen otros laberintos más perplejos y sutiles que los de este cuento?

3. ¿Qué problemas en particular se le presentan al ser humano al confrontársele con un laberinto? ¿Cómo resolvería Ud. este conflicto?
4. ¿Cuál es el simbolismo de la narrativa de Borges?
5. Compare la moraleja de este relato con algunas otras lecturas anteriores. ¿Cuál de las moralejas tiene un mejor desarrollo estilístico (*style*)? ¿Cuál le impresionó más?
6. ¿Encuentra Ud. que la narrativa de Borges demanda más atención del lector que la prosa de Juan Ramón Jiménez? ¿Por qué? Compare el uso de adjetivos por ambos autores.

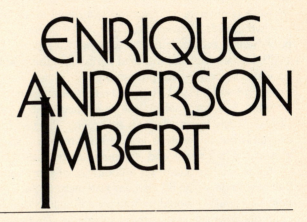

11

ENRIQUE ANDERSON IMBERT (1910-   ) was born in Argentina. From the beginning of his writing career, he has shown a preference for the short story though he has written two novels (*Vigilia* and *Fuga*). His stories were first published in the Argentine newspaper *La Nación* around 1930. He believes that the brief narrative is the best means by which to convey his philosophy.

El grimorio (1961) is a collection of short narratives. Included is a form which he developed that is called a "caso". It has been called an embryonic short story or an anecdote but in reality it is best known as a "case" and known for its brevity and ingenuity. *El gato de Cheshire* (1965) is another one of his anthologies of short narratives. It is best understood by his own statement in the introduction: "If I could, I would narrate pure intuitions but the medium obligates me to give them substance. That substance, I draw with two types of ink, one erasable and the other indelible. When the substance is erased, there remains a trace of that intuition as a smile in the air: the smile of the Cheshire cat."

Anderson Imbert is, perhaps, the best-known exponent of the microtale and even the creation of the term "microcuento" is credited to him. Several selections are included here both to demonstrate the author's pre-eminence in the *genre* and to show the great variation in story lengths which he employs.

Sala de espera (El gato de Cheshire)

Costa y Wright roban una casa. Costa asesina a Wright y *se queda con* la valija llena de *joyas* y dinero. *Va a* la estación para escaparse en el primer tren. En la *sala de espera* una señora se le sienta a la izquierda y le da° conversación. Fastidiado,° Costa *finge* con un *bostezo* que tiene sueño y que se dispone a° dormir, pero oye que la señora, como si *no se hubiera dado cuenta*, sigue conversando. Abre entonces los ojos y ve, sentado, a la derecha, el fantasma° de Wright. La señora atraviesa° a Costa de lado a lado con su *mirada* y dirige su *charla* al fantasma, quien contesta con gestos de simpatía. Cuando llega el tren Costa quiere *levantarse,* pero no puede. Está paralizado, mudo; y observa atónito° cómo el fantasma agarra° tranquilamente la valija y *se aleja* con la señora hacia el andén,° ahora hablando y riéndose. Suben y el tren parte. Costa los *sigue con la vista.* Viene un peón° y *se pone a* limpiar la sala de espera, que ha quedado completamente desierta. Pasa la aspiradora° por el asiento donde está Costa, invisible.

engages him in
Annoyed
he prepares to go

ghost
transfixes

aghast / grasps
station platform

employee

vacuum cleaner

Vocabulario activo

se queda (quedarse) con *keeps, takes*
joya *jewel*
va (ir) a *goes to*
sala de espera *waiting room*
finge (fingir) *pretends, feigns*
bostezo *yawn*
no se hubiera dado (darse) cuenta *had not realized*

mirada *glance, look, stare*
charla *chatter*
levantarse *to stand up, to rise*
se aleja (alejarse) *moves away*
sigue (seguir) con *follows with*
vista *eyes, sight*
se pone (ponerse) a + inf. *begins + inf.*

Preguntas sobre la lectura

1. Después del robo, ¿qué hace Costa con Wright y con las joyas y el dinero?
2. ¿Adónde va Costa depués del robo y asesinato?
3. ¿Qué hace la señora en la sala de espera?
4. ¿Cómo reacciona Costa ante la conversación de la señora?
5. ¿Qué ve Costa, a la derecha?
6. ¿Qué ocurre entre Wright y la señora?
7. ¿Por qué no puede levantarse o hablar Costa?
8. ¿Qué observa Costa?
9. ¿Qué hace el peón que viene?
10. Cuando el peón pasa la aspiradora, ¿cómo está Costa?

DISCUSIÓN

1. ¿Es esta situación típica de un robo entre dos cómplices?
2. ¿Dónde comienza la fantasía? ¿es fantasía?
3. ¿Por qué cree Ud. que es Wright quien se queda con la valija?
4. ¿Por qué está invisible Costa?
5. ¿Podría Ud. interpretar este microcuento de alguna otra manera?

El crimen perfecto (El gato de Cheshire)

—Creí haber cometido el crimen perfecto. Perfecto el plan, perfecta su ejecución. Y para que nunca *se encontrara* el *cadáver* lo *escondí* donde a nadie se le ocurriera buscarlo: en un cementerio. Yo sabía que el convento de Santa Eulalia estaba desierto desde hacía años° y que ya no había *monjitas* que enterrasen a monjitas en su cementerio. Cementerio blanco, bonito, hasta alegre con sus cipreses y paraísos a orillas° del río. Las *lápidas,* todos iguales y ordenadas como canteros° de jardín alrededor de una hermosa imagen de Jesucristo, lucían° como si las mismas muertas° *se encargasen* de mantenerlas limpias. Mi error: *olvidé* que mi víctima había sido un furibundo° ateo.° Horrorizadas por el compañero de *sepulcro* que les *acosté* al lado, esa noche las muertas decidieron *mudarse: cruzaron a nado* el río llevándose consigo° las lápidas y arreglaron el cementerio en la otra orilla, con Jesucristo y todo. Al día siguiente los viajeros que iban por lancha° al pueblo de Fray Bizco° vieron a su derecha el cementerio que siempre habían visto a su izquierda. Por un instante, se les confundieron las manos y creyeron que estaban navegando° en dirección contraria,° como si volvieran de Fray Bizco, pero en seguida° *advirtieron* que *se trataba de* una *mudanza* y dieron parte° a las autoridades. Unos policías fueron a inspeccionar el sitio que antes ocupaba el cementerio y, *cavando* donde la tierra *parecía* recién removida,° sacaron el cadáver (por eso, a la noche, las almas en pena° de las monjitas volvieron muy aliviadas, con el cementerio a cuestas°) y de investigación en investigación . . . ; ¡bueno! el resto ya lo sabe usted, señor Juez.°

(glosses, right margin:)

many years ago

on the banks of
jugs
shone / the dead

raging / atheist

taking along

motor boat / cross-eyed

sailing
opposite
immediately
notified

just dug up
souls in torment
on their backs

Judge

Vocabulario activo

se encontrara (encontrarse) *would be found*

cadáver (m) *corpse*

escondí (esconder) *hid*

monjitas (monja) *little nuns (affectionate)*

lápida *tombstone*

se encargasen (encargarse) *were in charge of*

olvidé (olvidar) *forgot*

sepulcro *tomb, grave*

acosté (acostar) *lay down*

mudarse *to move, to change residence*

cruzaron (cruzar) a nado *swam across*

advirtieron (advertir) *realized*

se trataba (tratarse) de *it was about; it was a question of*

mudanza *move, change of residence; moving*

cavando (cavar) *digging*

parecía (parecer) *seemed, looked*

Preguntas sobre la lectura

1. ¿Qué hice («-yo») con el cadáver?
2. ¿Qué sabía «yo»?
3. ¿Cómo era el cementerio?
4. ¿Qué olvidé «yo»?
5. ¿Qué hicieron las difuntas?
6. ¿Qué vieron al día siguiente los viajeros?
7. ¿Qué creyeron estos viajeros?
8. ¿A quiénes dieron parte los viajeros al ver que era una mudanza?
9. ¿Qué hicieron los policías y qué encontraron?
10. A la noche, ¿qué hicieron las monjitas?
11. ¿Con quién está hablando el protagonista?

DISCUSIÓN

1. ¿Qué efecto produce el uso de la primera persona?
2. Aunque los acontecimientos de este microcuento son fantásticos, ¿cuál es la actitud del narrador?
3. Aparte de los acontecimientos fantásticos, ¿habría sido perfecto el crimen?
4. ¿Ha tenido Ud. alguna experiencia extraña en un cementerio? Si su respuesta es afirmativa, prepárese para contársela a la clase.

Las estatuas (El gato de Cheshire)

En el jardín de Brighton, colegio de señoritas, hay dos estatuas: la de la fundadora y la del profesor más famoso. Cierta noche—todo el colegio, dormido—una estudiante *traviesa* salió a escondidas° de su dormitorio y pintó sobre el *suelo,* entre ambos pedestales, *huellas* de pasos:° leves *pasos* de mujer, decididos° pasos de hombre que *se encuentran* en la glorieta° y *se hacen el amor* a la hora de los fantasmas. Después se retiró con el mismo *sigilo* regodeándose° por adelantado.° A esperar que el jardín *se llene* de gente. ¡Las caras que pondrían! Cuando al día siguiente fue a *gozar* la *broma* vio que las huellas habían sido lavadas y restregadas:° *algo sucias* de pintura le *quedaron* las manos a la estatua de la señorita fundadora.

slipped out secretly
footprints
determined
arbor

giggling / beforehand

scrubbed

Vocabulario activo

travieso *mischievous*
suelo *ground, floor*
huellas *prints*
paso *footstep*
se encuentran (encontrarse) *meet*
se hacen (hacerse) el amor *make love*
sigilo *stealth*

se llene (llenarse) de *fill with*
gozar *to enjoy*
broma *joke*
algo *somewhat*
sucia *dirty, soiled*
quedaron (quedar) *were, remained*

Preguntas sobre la lectura

1. ¿Qué hay en el jardín de Brighton?
2. ¿Qué hizo una estudiante traviesa?
3. ¿A qué se retiró la estudiante?
4. Al día siguiente, ¿qué vio?
5. ¿Quién tenía las manos algo sucias?

DISCUSIÓN

1. ¿Encuentra Ud. sorprendentes las actividades de esta estudiante? ¿Lo haría Ud.?
2. Dé Ud. dos posibles interpretaciones del final del microcuento: una real y otra, la aparente, fantástica. [Clave: podría haber otras estudiantes traviesas.]
3. ¿Recuerda Ud. alguna broma pesada (*bad joke*) que sus compañeros de clase le hayan hecho a un maestro o a un estudiante?

Espiral (El gato de Cheshire)

Regresé a casa en la *madrugada,* cayéndome de sueño.° Al almost falling sleep entrar, todo *oscuro*. Para no *despertar* a nadie avancé de puntillas° y llegué a la escalera de caracol° que conducía a on tiptoe / spiral mi cuarto. Apenas puse el pie° en el primer escalón° dudé set foot / step de si ésa era mi casa o una casa idéntica a la mía. Y mientras *subía* temí que otro muchacho, *igual a* mí, estuviera durmiendo en mi cuarto y acaso° *soñándome* en el acto perhaps mismo de subir por la escalera de caracol. Di la última vuelta,° abrí la puerta y allí estaba él, o yo, todo iluminado turn de° luna, sentado en la cama, con los ojos bien° *abiertos*. lit up by the / wide Nos quedamos un instante mirándonos de hito en hito.° looking each other up and down Nos sonreímos. Sentí que la sonrisa de él era la que también me pesaba° en la *boca:* como en un *espejo,* uno de was also mine los dos era falaz.° «¿Quién sueña a quién?», exclamó uno fake, false de nosotros, o quizá *ambos* simultáneamente. En ese momento oímos *ruidos* de pasos en la escalera de caracol: de un salto° nos metimos uno en otro° y así fundidos° nos pusimos a soñar al que venía subiendo, que era yo *otra vez*. at one jump / merged into one / thus fused together

Vocabulario activo

madrugada *dawn*
entrar *to enter*
oscuro *dark*
despertar *to awaken (someone)*
subía (subir) *went up, was climbing*
igual a *the same as, just like*
soñándome (soñar) *dreaming, dreaming about me*

abierto (adj.) *open*
sentir *to feel*
boca *mouth*
espejo *mirror*
ambos (as) *both*
ruido *noise, sound*
otra vez *again*

Preguntas sobre la lectura

Respuesta en primera persona (**yo**).

1. Cuando regresé a casa, ¿cómo me sentía?
2. ¿Qué hice para no despertar a nadie?
3. ¿Qué dudé cuando puse el pie en el primer escalón?
4. ¿Qué temí?
5. Cuando abrí la puerta, ¿quién estaba allí?
6. ¿Qué hicimos los dos?
7. ¿Qué sentí yo?
8. ¿Quién exclamó «¿Quién sueña a quién?»?
9. ¿Qué oímos los dos?
10. ¿Qué hicimos de un salto?

DISCUSIÓN

1. ¿Qué valor tiene el empleo de la primera persona en este microcuento?
2. ¿Cuál es el propósito de usar el motivo de una escalera de espiral?
3. ¿Qué influencia tendría el decir «cayéndome de sueño» en la primera línea en cuanto al elemento irreal del cuento?
4. ¿Son posibles el tema y el desenlace de esta narrativa?

La muerte (El Grimorio)

La *automovilista* (negro el vestido, negro el pelo, negros los ojos, pero con la cara tan pálida que *a pesar del mediodía parecía* que en su tez° se hubiese detenido un *relámpago*), la automovilista vio en el camino a una muchacha que *hacía señas* para que parara. Paró.

—¿Me llevas? Hasta el pueblo, no más—dijo la muchacha.

—*Sube*—dijo la automovilista. Y el auto arrancó° a toda velocidad° por el camino que bordeaba la montaña.

—Muchas gracias—dijo la muchacha, con un gracioso mohín°—pero ¿no tienes miedo de levantar° por el camino a personas *desconocidas*? Podrían *hacerte daño.* ¡Esto está tan desierto!

—No, no tengo miedo.

—¿Y si levantas a alguien que te atraca?°

—No tengo miedo.

—Y si te matan?

—No tengo miedo.

—¿No? Permíteme presentarme°—dijo entonces la muchacha, que tenía los ojos grandes, límpidos, imaginativos. Y, *en seguida,* conteniendo la *risa, fingió* una voz cavernosa. —Soy la Muerte, la M-u-e-r-t-e.

La automovilista sonrió misteriosamente.

En la *próxima* curva el auto se desbarrancó.° La muchacha quedó muerta° entre las piedras. La automovilista siguió y al llegar a un cactus desapareció.

complexion

sped up
at full speed

charming pout / give a
ride to

holds you up

let me introduce myself

went over a cliff
was left dead

Vocabulario activo

automovilista (m&f) *car driver*
a pesar de *in spite of*
mediodía (m) *noon*
parecía (parecer) *seemed, appeared*
relámpago *lightning*

hacía (hacer) señas *was gesturing, was making signs or motions*
sube (subir) *get on (a car, bus, etc.)*
desconocido *unknown*

hacerte (hacer) daño *to harm yourself*
en seguida *immediately*
risa *laughter*

fingió (fingir) *faked, feigned*
próximo *next*

Preguntas sobre la lectura

1. Describa Ud. a la automovilista.
2. ¿A quién vio la automovilista en el camino y qué hizo?
3. ¿Qué preguntó la muchacha?
4. ¿Cómo arrancó el automóvil?
5. ¿Qué dijo la muchacha después de agradecer a la automovilista?
6. ¿Qué respondió la automovilista varias veces?
7. ¿Cómo se presentó la muchacha, entonces?
8. ¿Cómo reaccionó la automovilista?
9. En la próxima curva, ¿qué ocurrió?
10. ¿Quién murió?
11. ¿Qué hizo la automovilista?

DISCUSIÓN

1. ¿Qué efecto produce la descripción que el autor hace de la automovilista en el primer párrafo?
2. ¿Qué impresión produce la muchacha con su serie de preguntas y con su fingida presentación?
3. ¿Es el desenlace (*denouement, unraveling*) sorprendente para el lector o halla Ud. indicaciones que señalan tal fin? Si Ud. halla señales, indíquelas.

Tabú (El Grimorio)

El ángel de la guarda° le susurró° a Fabián por *detrás del hombro:*

—¡Cuidado, Fabián! Está dispuesto que mueras en cuanto pronuncies la palabra zangolotino.°

—¿Zangolotino?—pregunta Fabián, azorado.°

Y muere.

guardian / whispered

grown boy who tries to pass as a child

uneasy

Vocabulario activo

detrás de *behind*   **hombro** *shoulder*

Preguntas sobre las lecturas

1. ¿Qué susurró el ángel de la guarda a Fabián?
2. ¿Cómo reaccionó Fabián?
3. ¿Qué ocurrió a consecuencia de esta respuesta?

La pierna dormida (El Grimorio)

Esa mañana, al *despertarse,* Félix se miró las *piernas,*
abiertas sobre la cama, y, ya dispuesto a *levantarse,* se
dijo: «¿*y si dejara* la izquierda aquí?» Meditó un instante.
«No, imposible; si echo la derecha al suelo, seguro que va
a *arrastrar* también la izquierda, que lleva pegada.° ¡Ea!   **was attached**
Hagamos la prueba.»° Y todo *salió* bien. Se fue al baño,   **Let's try it**
saltando en un solo pie, mientras la pierna izquierda siguió
dormida sobre las sábanas.°   **sheets**

Vocabulario Activo

despertarse *to awaken* **si dejara (dejar)** *what if I left behind*
pierna *leg* **arrastrar** *to drag*
levantarse *to get up* **salió (salir) bien** *turned out well*

Preguntas sobre la lectura

1. ¿Qué hizo Félix esa mañana al despertarse?
2. ¿Qué se dijo?
3. ¿Y cómo se contestó?
4. ¿Qué decidió hacer?
5. Cuando se fue al baño, ¿cómo lo hizo?
6. ¿Dónde quedó la pierna izquierda?

El príncipe (El Grimorio)

Cuando *nació* el príncipe se hizo una gran fiesta nacional.
Bailes, *fuegos artificiales,* revuelos de campanas,° *disparos*   **bell-tolling**
de cañón . . .

    Con tanto estrépito el recién nacido° se murió.   **newborn**

Vocabulario Activo

nació (nacer) *was born*   **disparos** *shots*
fuegos artificiales *fireworks*

Preguntas sobre la lectura

1. ¿Cómo se celebró el nacimiento del príncipe?
2. Consecuentemente, ¿qué ocurrió?

La araña (El Grimorio)

Sentí algo en la mano, miré y era una *araña*.

    Fui a decirle: «¿Qué haces aquí?»

    Pero la araña se me adelantó° y me dijo: **got ahead of me**

—¿Qué haces aquí?

    Entonces fui a decirle: «no quisiera *molestarte*, pero

éste es mi mundo, y debes° irte . . .»   **must**

    Otra vez la araña se me adelantó y me dijo:

—No quisiera molestarte, pero éste es mi mundo y

debes irte.

    Comprendí que así era imposible *dialogar*. Le dejé la

mano y me fui.

Vocabulario Activo

araña *spider*

molestarte (molestar) *bother you, annoy you, disturb you*

dialogar *to talk, to converse*

Preguntas sobre la lectura

1. ¿Qué sentí «yo» en mi mano?
2. Antes que «yo» pudiera hacer la pregunta, ¿qué preguntó la araña?
3. ¿Qué iba «yo» a decirle, entonces?
4. ¿Cómo se adelantó a «mi» pregunta la araña?
5. ¿Qué hice «yo» entonces?

Casi (El Grimorio)

—Odio este caótico siglo XX en que nos toca vivir°—ex- we happen to live in
clamó Raimundo—. Ahora mismo mando todo al diablo° send everything to the
y me voy al católico siglo XIII. devil

    —¡Ah, es que no me quieres! —*se quejó* Jacinta—.
¿Y yo, y yo qué hago? ¿Me vas a *dejar* aquí, sola?

    Raimundo reflexionó° un momento, y después con- thought for
testó:

    —Sí, es cierto. No puedo dejarte. Bueno, no llores
más. ¡Uff! Basta. *Me quedo.* ¿No te digo que me quedo,
sonsa?° fool

    Y se quedó.

Vocabulario Activo

se quejó (quejarse) *complained*   **me quedo (quedarse)** *stay, remain*
dejar *to leave*

Preguntas sobre la lectura

1. ¿Qué dijo Raimundo?
2. ¿Cuál es la solución de Raimundo?
3. ¿Cómo se queja Jacinta?
4. Para calmar a Jacinta, ¿qué hizo Raimundo?

Sadismo y masoquismo (El Grimorio)

Escena en el Infierno.°   **Hell**

    Sacher-Masoch *se acerca* al Marqués de Sade y, ma-
soquísticamente, le *ruega*:

    —¡*Pégame*, pégame! ¡Pégame fuerte,° que me gusta!   **hard**

    El Marqués de Sade levanta el puño,° va a pegarle,   **fist**
pero se contiene a tiempo y, con la boca y la *mirada*
crueles, sadísticamente le dice:

    —No.

    Que a quien pretende el castigo, castigo es no casti-
garle. (Sor° Juana Inés de la Cruz, «Letra» que precede   **sister**
Los empeños° *de una casa.*)   **engagements**

Vocabulario Activo

se acerca (acercarse) *approach*   **pégame (pegar)** *hit me, strike me*
ruega (rogar) *beg, implore*   **mirada** *look, gaze*

Preguntas sobre la lectura

    1. ¿Dónde se desarrolla esta escena?
    2. ¿Quiénes son los protagonistas?
    3. ¿Qué le ruega Sacher-Masoch al Marqués de Sade?
    4. ¿De qué manera sadística le contesta el Marqués?

DISCUSIÓN [se incluyen aquí los últimos seis «Casos»]

    1. Empleando como ejemplos, *La pierna dormida, La araña,* y
        Casi, ¿cómo son estas narrativas, caóticas?

2. Lea Ud. cuidadosamente las tres obritas incluidas en la primera pregunta. Explique Ud. cómo el «caos» se vuelve el «orden».

3. ¿Cree Ud. que el desenlace de *El príncipe* es una consecuencia normal del primer párrafo? ¿Qué causa este desenlace?

4. Después de leer *Sadismo y masoquismo,* ¿comprende Ud. el significado de las palabras «sadismo» y «masoquismo»?

5. ¿Es el final de *Tabú* trágico o cómico para usted?

SÍNTESIS

Vocabulario y práctica

1. Dé los sinónimos de las palabras siguientes:

informar	vista	continuar	los dos	travieso
madrugada	conversar	siguiente	lápida	

2. Dé los antónimos de las siguientes palabras:

alejarse	salir bien	medianoche	distinto	irse
morir	en automóvil	una vez	sucia	trágico
obvio	dejar tranquilo	conocido	partir	gozar

3. Haga una frase empleando los vocablos siguientes en el orden presentado:

a. El hombre/fingir/bostezo/tener sueño/disponerse a dormir

b. estudiante/salir/dormitorio/pintar/huellas/suelo/pasos

c. criminal/esconder/cadáver/cementerio/monjitas/monjas/ darse cuenta/mudarse

4. Haga un párrafo original de cincuenta a setenta y cinco palabras empleando las expresiones siguientes y escogiendo entre *a, b ó c.*

a. despertar/madrugada/soñar/bostezar/espejo/acercarse/ quedarse/lecho/levantarse/otra vez

b. cadáver/huellas/sala de espera/pegarle a uno/morir/hacer daño/a pesar de/oscuro/ponerse a + *inf.*/quejarse

c. entrar/auto/tener miedo/personas/hacer daño/ ir al/baño/saltar/pie/pierna/seguir/sábanas

5. Diga en español empleando las expresiones aprendidas del vocabulario activo:

a. When he hit me, he hurt me and I complained.

b. In spite of the stairway, I couldn't find the stairway and I got lost.

c. It was my turn and I realized it [*ello*].

d. He stayed in the waiting room and I walked away.

e. Behind the tombstone, there were footprints and another body [corpse].

f. The two of them were unknown to me.

g. He began to climb the stairs and I screamed: Help!

DISCUSIÓN

1. Analice cómo el autor trata el tema de la muerte en las lecturas *Sala de espera, El crimen perfecto,* y *La muerte.* Considere los siguientes aspectos: desarrollo del tema, uso del elemento fantástico, representación de la muerte, y piense si hay vida después de morir. ¿Qué piensa el autor?

2. ¿Con qué fin cree Ud. que el autor ha escogido la muerte como tema de alguno de estos microcuentos? ¿Qué efecto produce en el lector? ¿Cómo reacciona la gente ante la muerte?

3. ¿Qué cambios ha habido últimamente en nuestra sociedad con respecto al tema de la muerte? ¿Está Ud. de acuerdo con ellos? Por ejemplo, la discusión de la muerte como castigo, la muerte como liberación (eutanasia, suicidio), la muerte como un proceso inevitable, la muerte como una obsesión o aberración, etc. ¿Se puede hablar de la muerte en forma lógica y racional?

4. Compare el método del autor para desarrollar la trama de sus microcuentos de *El gato de Cheshire* con los de *El Grimorio.*

¿Qué elementos usa para dar un mayor impacto a su narrativa? ¿Cómo es el desenlace de estos relatos? ¿Pudo Ud. anticipar el desenlace o logra el autor desviar la atención del lector hasta el final?

5. Desde el punto de vista literario, ¿encuentra Ud. que Anderson Imbert tiene éxito en crear estos microcuentos? ¿Tienen algún valor para Ud.? ¿Se podrían comparar estos microcuentos con los *Ejemplos* del Conde Lucanor? Explique.

6. Examine el uso de lo invisible (e.g., personaje invisible) en algunos relatos y diga qué efecto tiene y para qué sirve.

7. ¿Que haría Ud. si se hiciera invisible por un día? ¿Qué sucedería si el ser humano se pudiera hacer invisible?

8. ¿Qué papel tiene el humor en estos microcuentos? Compare la clase de humor que hay en *El crimen perfecto* con el de *Las estatuas*, ¿es cómico, tragicómico, o mórbido (*black humor*). ¿Le gusta a Ud. esta clase de humor?

9. ¿Son absurdos (*nonsensical*) los relatos breves de *El Grimorio*, como *Tabú, La pierna dormida, El príncipe, y La araña*? ¿Cree Ud. que el autor trata de decirnos que en lo absurdo y disparatado de la vida hay un sentido lógico? ¿Qué opina Ud. al respecto?

10. En *La araña*, un insecto le habla al narrador. Escriba Ud. un diálogo de unas doce líneas entre Ud. y su animal favorito.

11. ¿Cuál es el problema entre los esposos de *Casi*? Compárelo con el problema de los esposos de *Calila y Dimna*. ¿Cómo es la moraleja en estos dos relatos?

12. ¿Es original el relato de *Sadismo y Masoquismo*? ¿Lo clasificaría Ud. como un chiste cruel al igual que *Tabú*?

13. Según su opinión y preferencia, ¿cuál es el microcuento que más le gustó de Anderson Imbert y por qué?

ANA MARÍA MATUTE (1926-) is a Spanish author of short stories, vignettes and novels. Her stories and vignettes are imaginative and poetic; her main topics are children and war. She brings to the short story and novel a note of feminine and maternal sensitivity which shows a deep and perceptive vision of the human condition as a whole. She exalts those qualities which separate the individual from all that is ugly and ruinous. To this end she rebels against the false values of contemporary Spanish life and against the existing lack of communication and mutual understanding among people.

The following selections from *Los niños tontos* (1956) show her to be a sharp observer of infancy, childhood, and adolescence. In them, she penetrates into the interior and personal world of her young protagonists[G] and reveals their fears and uncertainties. Each individual creates his own world made up of dreams or fantasies. The head-on collision of this interior world and the real exterior world constitute for the author the central conflict of existence. She uses a clear and uncomplicated style to convey this conflict. She wants to move the reader and force him/her to sympathize and empathize with her characters.

El niño al que se le murió el amigo

Una mañana se levantó y fue a *buscar* al amigo, al otro lado de la valla.° Pero el amigo no estaba, y, cuando volvió, le dijo la madre: «El amigo se murió. Niño, no pienses más en él y busca otros para *jugar*.» El niño se sentó en el *quicio*° de la puerta, con la *cara* entre las manos y los *codos* en las *rodillas*. «El volverá», pensó. Porque no podía ser que allí estuviesen las *canicas*,° el *camión* y la pistola de *hojalata*,° y el *reloj* aquel que ya no *andaba*, y el amigo no *viniese a* buscarlos. Vino la noche, con una *estrella* muy grande, y el niño no quería entrar a *cenar*. «Entra niño, que llega el frío», dijo la madre. Pero, *en lugar de*° entrar, el niño *se levantó* del quicio y se fue *en busca del* amigo, con las canicas, el camión, la pistola de hojalata y el reloj que no andaba. Al llegar a la *cerca,* la voz del amigo no le llamó, ni le oyó en el árbol, ni en el *pozo*. *Pasó*° buscándole toda la noche. Y fue una larga noche casi blanca, que le llenó de *polvo* el *traje* y los *zapatos*. Cuando llegó el sol, el niño, que tenía sueño y sed, *estiró*° los *brazos* y pensó: «Qué tontos y pequeños son esos *juguetes*. Y ese reloj que no anda, *no sirve para nada.*»° Lo tiró todo al pozo y *volvió* a la casa, con mucha hambre. La madre le abrió la puerta, y dijo: «Cuánto *ha crecido* este niño, Dios mío, cuánto ha crecido.» Y le compró un traje de hombre, porque el que llevaba le venía *muy corto.*°

(margin glosses:) fence — frame — marbles — tinplate — instead of — spent (*of time*) — stretched out — it is useless — looked too short

Vocabulario activo

buscar *to look for, to search for*
jugar *to play (a game)*
cara *face*
codo *elbow*
rodilla *knee*
camión (m) *truck*

reloj (m) *watch, clock*
andaba (andar) *functioned (ref. to a machine), worked*
viniese (venir) a + inf. *would come to + inf.*
estrella *star*

cenar *to have supper or dinner*
se levantó (levantarse) *got up, stood up*
en busca de *in search of*
cerca (noun) *fence*
pozo *well*
polvo *dust*

traje (m) *suit*
zapatos *shoes*
brazo *arm*
juguete (m) *toy*
volvió (volver) a *returned, came back*
ha crecido (crecer) *has grown*

Preguntas sobre la lectura

1. ¿Qué hizo el niño una mañana?
2. Cuando volvió, ¿qué le dijo a su madre?
3. ¿Qué le comunicó ella?
4. ¿Por qué es que el niño pensaba que no podía ser que su amigo no viniese?
5. Cuando vino la noche, ¿adónde fue el niño?
6. Después de esperar a su amigo toda la noche, ¿qué pensó?
7. ¿Qué dijo la madre al ver volver a su hijo?
8. ¿Qué hizo, entonces, su madre?

DISCUSIÓN

1. ¿Cómo percibe el niño la realidad al comienzo de este cuento? ¿Cómo rechaza esta realidad?
2. ¿Qué representa, simbólicamente, la larga noche de espera y búsqueda (*search*)?
3. ¿Cómo se nota el cambio en el niño después de pasar la noche en el campo?
4. ¿Qué edad tendría el niño al principio y al final del relato?

El otro niño

Aquel niño era un niño *distinto*. No *se metía en* el río, hasta la *cintura*, ni buscaba *nidos*, ni *robaba* la fruta del hombre rico y feo. Era un niño que no amaba ni martirizaba° a los perros, ni los llevaba de caza° con un fusil° de *madera*. Era un niño distinto, que no perdía el cinturón,° ni *rompía* los zapatos, ni llevaba *cicatrices* en las rodillas, ni se *manchaba* los dedos de tinta morada.° Era otro niño, sin *sueños* de caballos, sin *miedo* de la noche, sin curiosidad, sin preguntas. Era otro niño, otro, que nadie vio nunca, que apareció en la escuela de la señorita Leocadia, sentado en el último *pupitre*, con su juboncillo° de *terciopelo* malva,° *bordado* en plata. Un niño que todo lo miraba° con otra mirada, que no decía nada porque todo lo tenía dicho.° Y cuando la señorita Leocadia le vio los dos *dedos* de la mano derecha unidos, sin poderse *despegar*, cayó de rodillas,° llorando, y dijo: «¡Ay de mí, ay de mí! ¡El niño del altar estaba *triste* y ha venido a mi escuela!»

abused / went hunting / rifle

belt

purple ink

small jacket
light purple
looked at everything
he had said everything

fell on her knees

Vocabulario activo

distinto *different*
se metía (meterse) en *went into*
cintura *waist*
nido *nest*
robaba (robar) *stole*
madera *wood*
rompía (romper) *tore; broke*
cicatriz (f) *scar*
se manchaba (mancharse) *stained, spotted*

sueños *dreams*
miedo *fear, apprehension*
pupitre (m) *student desk*
terciopelo *velvet*
bordado (bordar) *embroidered*
dedo *finger*
despegar *to detach, to unglue*
triste *sad*

Preguntas sobre la lectura

1. ¿Cómo era aquel niño?
2. Enumere Ud. cinco cosas que este niño no hacía.

3. ¿Tenía este niño miedo, sueños de caballos, curiosidad o preguntas?
4. ¿Dónde se sentó el niño en la escuela de la señorita Leocadia?
5. ¿Qué ropas llevaba el niño?
6. Cuando la señorita Leocadia miró al niño, ¿cómo tenía él los dos dedos de la mano derecha?
7. ¿Qué hizo entonces ella?
8. Según ella, ¿quién era el niño que había venido a la escuela?

DISCUSIÓN

1. Explique Ud. cómo se diferencia la descripción de este niño distinto de cualquier descripción típica de un protagonista [*Clave:* ¿cómo es este niño?].
2. ¿Es un símbolo el hecho de que el niño tenga los dos dedos de la mano derecha unidos, o sólo es un defecto físico? (Las personas de religión católica reconocerían a este niño como la representación de Jesucristo. En la época del imperio romano, después del año 1 D.C., los cristianos que eran perseguidos y martirizados por su creencia usaban el gesto de los dedos unidos como señal secreta.)
3. ¿Cómo interpretaría Ud. este relato? ¿como una fantasía, un milagro, una visión, o un hecho que experimentaría la autora durante su niñez en España?

El niño que era amigo del demonio

Todo el mundo, en el colegio, en la casa, en la calle, le decía cosas crueles y *feas* del *demonio,* y él le vio en el *infierno* de su libro de doctrina, lleno de *fuego,* con cuernos°   **horns**
y rabo ardiendo,° con cara *triste* y *solitaria,* sentado en la   **burning tail**
caldera.° «Pobre demonio—pensó—, es como los judíos,°   **cauldron / Jews**
que todo el mundo les *echa de* su tierra.» Y, desde entonces, todas las noches decía: «*Guapo, hermoso,* amigo
mío'', al demonio. La madre, que le oyó, se santiguó° y   **crossed herself**
encendió la luz: «Ah, niño tonto, ¿tú no sabes quién es el
demonio?» «Sí— dijo él—, sí: el demonio *tienta* a los
malos, a los crueles. Pero yo, como soy amigo suyo, seré
bueno siempre, y me dejará ir tranquilo al *cielo.*»

Vocabulario activo

todo el mundo *everyone, everybody*
feo *ugly, homely, unpleasant*
demonio *devil, demon*
infierno *hell*
fuego *fire*
triste *sad*
solitario *lonely*

echa (echar) de *throws out, expels*
guapo *handsome*
hermoso *beautiful*
encendió (encender) *turned on*
tienta (tentar) *tempts*
malos *those who are bad*
cielo *heaven*

Preguntas sobre la lectura

1. ¿Qué le decía todo el mundo del demonio?
2. ¿Cómo vio él al demonio, entonces?
3. Según el protagonista, ¿cómo se parecen el demonio y los judíos?
4. ¿Qué le decía él al demonio?
5. ¿Cómo reaccionó su madre?
6. Según el niño, ¿a quién tienta el demonio?
7. Ya que el niño es bueno, ¿qué hará el demonio?

DISCUSIÓN

1. ¿Por qué siente compasión el niño al pensar en el demonio?
2. ¿Cree Ud. que es el amor por el demonio lo que impulsa al niño a alabar al demonio?
3. A pesar de la inocencia típica del niño, ¿qué perspicacia demuestra él en lo que dice en la última frase del cuento?

SÍNTESIS

Vocabulario y práctica

1. Re-lea Ud. el vocabulario activo de las selecciones de Matute. Ahora, escoja por lo menos *cinco* palabras de este vocabulario que se refieran a partes del cuerpo humano. [*Extra:* escríbalas en orden vertical (*from top to bottom*)].

2. Escoja una palabra del vocabulario que mejor complete cada una de las frases siguientes:
   a. Cuando queremos decir que un hombre tiene buena apariencia física, decimos que es muy _____.
   b. Para decir que un camión funciona, también podemos decir que _____.
   c. Para escribir, usamos los _____ de la mano.
   d. Casi todo el mundo dice que lo contrario de «cielo» es _____.
   e. El niño del altar en «El otro niño» es único. Por eso decimos que es _____ del resto de los niños.
   f. Un _____ es algo que un estudiante usa para escribir.
   g. Si queremos saber qué hora es consultamos nuestro _____.
   h. Si una persona se corta con una espada es posible que quede con una _____.

3. Estudie los siguientes pares de palabras. Ahora, haga una frase para cada par en la cual junta las dos palabras de una manera

plausible. Por ejemplo: buscar _____ dar con —**El rey árabe**
buscó **la puerta y finalmente** *dio con* **ella.**
Ahora, Ud.:

a. estrellas _____ los cielos
b. espada _____ cicatriz
c. madera _____ pupitre
d. solitario _____ triste
e. codo _____ brazo
f. pájaro _____ nido
g. jugar _____ alegre
h. camión _____ andar
i. cintura _____ rodilla /cara

4. Dé los antónimos de las palabras siguientes:

infierno	guapo	distinto
despegar	frío	noche
abrir	amigo	blanca
corto		

DISCUSIÓN GENERAL

1. ¿Son los protagonistas (*characters*) de estos relatos niños que actúan en un mundo diferente al de los niños norteamericanos?

2. Considerando la reacción del niño cuyo amigo se murió, ¿diría Ud. que ante ciertas circunstancias de la vida los niños reaccionan en forma diferente a los adultos? ¿Actuaría un adulto ante la muerte de su amigo al igual que este niño del relato?

3. ¿Ha tenido Ud. una experiencia similar en su niñez (*childhood*)? ¿Recuerda cómo reaccionó ante la muerte de un ser querido, o la pérdida de un animal favorito? ¿Cuál fue su impresión entonces y cómo la justifica ahora?

4. En el primer relato (pág. 103), la autora demuestra la transición entre la niñez y la juventud como un simple cambio de vestimenta (*clothing*). ¿Con qué fin habrá escogido esta forma tan simple de expresar su sentimiento? ¿Es así como ella quiere ver la realidad? ¿Qué opina Ud. al respecto?

5. ¿Diría Ud. que los cambios entre la niñez, la juventud y la edad adulta son transformaciones que se reflejan en el exterior o en el interior? ¿Qué ocurre en realidad?

6. ¿Tienen estos niños una niñez ideal? Según su parecer, ¿existe un tipo ideal de niñez o sólo es producto de nuestra imaginación?

7. ¿Interpretaría Ud. el caso de *El otro niño* como la historia de un niño que era el centro de la atención en la escuela? ¿Se ha servido la autora de un hecho insólito para exponer el problema de los niños que los adultos crean al mimarlos demasiado?

8. Analizando este relato desde otro punto de vista, ¿podría ser la historia de un niño lisiado (*handicapped*) que experimentó la histeria religiosa de una maestra y la de sus alumnos? En general, ¿cómo reacciona la sociedad ante personas con defectos físicos? ¿Cuál es la actitud moderna ante los derechos de los lisiados (*physically handicapped*)?

9. ¿Cómo se imaginan los niños al diablo? ¿De dónde obtienen esta idea? ¿Está Ud. de acuerdo con inculcarle (*to instill*) a los niños el miedo al diablo?

10. De acuerdo con estos microcuentos, ¿cree Ud. que la autora logra representar y además penetrar en el secreto mundo interior de los niños? ¿Cómo son los niños de la autora Matute en comparación con los niños que aparecen en la historia de *Platero?*

11. ¿Tienen estas historias de la niñez un carácter universal? ¿Se podría identificar Ud. con el mundo de los niños de *Platero* y de los niños de Ana María Matute? ¿Cuál sería su crítica?

MARCO DENEVI (1922-) was born in Buenos Aires, Argentina. His mystery *Rosaura a las diez* was awarded first prize by the Editorial Kraft of Buenos Aires in 1955. He has acknowledged the fact that he has been influenced by Willkie Collins, author of *The Woman in White* and *The Moonstone*. His book *Ceremonia secreta* was made into a movie, *Secret Ceremony*, starring Elizabeth Taylor and Mia Farrow. He has achieved international fame for his short stories and longer stories.

The five brief *falsificaciones* which follow are among the best examples of the *microcuento*. These five short narratives are prime examples of a short story which is compressed into a few lines. Due to the brevity of these microstories[G] the purpose behind the choice of this literary format becomes clear from the start. Denevi has taken well known themes of literature, history or modern life and has given them a new twist or a perspective all his own. Often he treats the theme with irony.[G] The rationale for choosing a known topic is to allow for the brevity desired. There is no need for background detail and the author is able to get straight to the point he is trying to make.

Apocalipsis

La extinción de la raza de los hombres se sitúa aproximadamente a fines del siglo XXXII. La cosa ocurrió así:° las *máquinas* habían *alcanzado* tal perfección que los hombres *ya no* necesitaban comer, ni dormir, ni leer, ni hablar, ni escribir, ni hacer el amor, ni siquiera° pensar. Les *bastaba apretar* botones y las máquinas lo hacían todo por ellos. Gradualmente fueron° *desapareciendo* las biblias, los Leonardo da Vinci, las mesas y los *sillones,* las rosas, los *discos* con las nueve sinfonías de Beethoven, las *tiendas de antigüedades,* el vino de Burdeos,° las oropéndolas,° los *tapices flamencos,* todo Verdi,° las azaleas, el palacio de Versalles.° Sólo había máquinas. Después los hombres *empezaron a notar* que ellos mismos iban desapareciendo gradualmente, y que *en cambio* las máquinas se multiplicaban. Bastó poco tiempo° para que el número de los hombres quedase reducido° a la *mitad* y el de las máquinas aumentase al doble. Las máquinas *terminaron por* ocupar todo el espacio disponible.° Nadie podía moverse sin *tropezar* con una de ellas. Finalmente los hombres desaparecieron. Como el *último se olvidó* de desconectar las máquinas, desde entonces seguimos funcionando.

This is the way it happened

Not even

started to

Bordeaux / golden orioles
Italian composer
castle near Paris

within a short time
to be reduced

available

Vocabulario activo

máquina *machine*
alcanzado (alcanzar) *reached*
ya no *no longer*
bastaba (bastar) *was enough*
apretar *to push, to press*
desapareciendo (desaparecer)
  disappearing

sillón (m) *armchair*
disco *phonograph record*
tiendas de antigüedades *antique shops*
tapices flamencos *Flemish tapestries*
empezaron (empezar) a *began to, started to*

notar *to notice*

en cambio *instead*
mitad *half*
terminaron por (terminar) *ended up by*

tropezar *to trip over, to stumble*
último *last*
se olvidó (olvidarse) *forgot*

Preguntas sobre la lectura

1. ¿Cuándo se sitúa la extinción de la raza de los hombres?
2. ¿Cómo ocurrió la cosa?
3. ¿Qué les bastaba hacer a los hombres?
4. Gradualmente, ¿qué cosas fueron desapareciendo?
5. Después de la desaparición de todas estas cosas, ¿qué quedaba?
6. ¿Qué empezaron a notar los hombres mismos?
7. Mientras que los hombres desaparecían, ¿que ocurría con las máquinas?
8. En poco tiempo, ¿cuál era la proporción de hombres y de máquinas?
9. Como había tantas máquinas, ¿qué le ocurría a los hombres cuando se movían?
10. Al fin, ¿qué les ocurrió a los hombres?
11. Finalmente, ¿quiénes siguen todavía funcionando?

DISCUSIÓN

1. ¿Qué indica el hecho de que el autor sitúa la extinción de la humanidad tan en el futuro?
2. ¿Qué tienen en particular todos los atributos como «leer», «hablar», «escribir», y «pensar»? El desaparecimiento de estas facultades, ¿pronostica algo?
3. ¿Existe algún paralelo entre las condiciones mencionadas en el cuento y las que prevalecen en la actualidad de nuestro mundo?
4. ¿Qué conexión hay entre la primera lista de facultades como leer, escribir, hablar, y hacer el amor y la segunda que comienza con las biblias, los Leonardo da Vinci, etc.?

5. Las dos últimas palabras del cuento encierran no sólo el sorprendente clímax y desenlace de *Apocalipsis* sino que también una grave crítica de nuestra sociedad mundial. Diríjase Ud. a esto.
6. ¿Qué es el Apocalipsis?
7. Para dar más énfasis, y según su interpretación del final de este microcuento, ¿qué connota la palabra «funcionando»?

El emperador de la China

Cuando el *emperador* de la China murió en su vasto *lecho,* en lo más profundo° del palacio imperial, nadie *se enteró.* Todos estaban *demasiado* ocupados en *obedecer* sus órdenes. *El único* que lo *supo* fue el Primer Ministro, hombre ambicioso que aspiraba al trono. No dijo nada y *ocultó* el cadáver. Transcurrió un año,° de increíble prosperidad para el imperio. Hasta que,° por fin,° el Primer Ministro *mostró* al *pueblo*° el esqueleto del emperador.

    —¿*Veis?* —dijo—. Durante un año un muerto se sentó al trono. Y quien realmente gobernó fui yo. *Merezco* ser emperador.

    El pueblo, complacido,° lo sentó en el trono y luego lo *mató,* para que° fuese tan perfecto como su *antecesor* y la prosperidad del imperio continuase.

> the deepest reaches
>
> a year went by
> until / finally
> the people
>
> pleased
> so that

Vocabulario activo

emperador *emperor*	**se enteró (enterarse)** *found out*
lecho *bed*	**demasiado** *too, too much*

obedecer *to obey*	**veis (ver)** *you see (second person plural,*
el único *the only one*	*familiar)*
supo (saber) *knew*	**merezco (merecer)** *I deserve*
ocultó (ocultar) *hid*	**mató (matar)** *killed*
mostró (mostrar) *show*	**antecesor** *predecessor*

Preguntas sobre la lectura

1. ¿Dónde murió el emperador de la China?
2. ¿Supo el pueblo que había muerto el emperador?
3. ¿Por qué no se enteraron?
4. ¿Quién fue el único en saber de su muerte?
5. ¿Cómo era el Primer Ministro?
6. ¿Qué hizo el Primer Ministro y cuál fue el resultado para el imperio?
7. Por fin, ¿qué mostró al pueblo el Primer Ministro?
8. Como consecuencia de todo esto, ¿qué hizo el pueblo?

DISCUSIÓN

1. ¿Qué nos dice este microcuento en cuanto al poderío del emperador?
2. Reflexione Ud. sobre la prosperidad del imperio después de la muerte del emperador. ¿Qué nos indica sobre el emperador o sobre el Primer Ministro?
3. ¿Qué impresión recibimos en cuanto a la comprensión del gobierno por parte del pueblo?
4. ¿Por qué cree Ud. que Denevi le da un desenlace tan irónico a su cuento?

El Maestro Traicionado

Se celebraba la última *cena.*

—Todos te aman, ¡oh Maestro! —dijo uno de los discípulos.

—Todos no° —respondió gravemente el Maestro—. Sé de *alguien* que me *tiene envidia* y, en la primera oportunidad que se le presente, me *venderá* por treinta dineros.°

—Ya sabemos a quien te refieres —exclamaron los discípulos—. También a nosotros nos habló mal de ti. Pero es *el único.* Y para probártelo, diremos a coro° su nombre.

Los discípulos *se miraron,* sonrientes, contaron hasta tres y *gritaron* el nombre del traidor.

El *estrépito* hizo vacilar° los *muros* de la ciudad. Porque los discípulos eran muchos y cada uno había gritado un nombre diferente.

Not everyone

ancient Roman currency or pieces of silver

together

shake

Vocabulario activo

cena *supper*
alguien *someone*
tiene (tener) envidia *is jealous*
venderá (vender) *will sell*
el único *the only one*

se mararon (mirarse) *looked at each other*
gritaron (gritar) *shouted*
estrépito *deafening noise, uproar*
muro *wall, rampart*

Preguntas sobre la lectura

1. ¿Es esta cena una cena especial?
2. ¿Quién habló primero y qué dijo?
3. ¿Qué contestó el Maestro?
4. ¿Saben los discípulos a quién se refiere el Maestro?
5. ¿Qué deciden hacer los discípulos para probarle al Maestro que sólo uno de ellos es culpable?

6. ¿Qué hacen los discípulos?

7. ¿Qué había gritado cada uno de los discípulos?

DISCUSIÓN

1. Analice Ud. las similitudes y divergencias entre esta versión de la última cena y la bíblica tradicional.

2. ¿Qué efecto produce el fin tan singular de este microcuento?

3. ¿Es *El maestro traicionado* un buen ejemplo de la variante deneviana según se presenta en la introducción a este capítulo?

4. Aparte de la divergencia de este microcuento con la versión bíblica, ¿habrá cierta verdad en lo que se presenta aquí?

Dulcinea del Toboso

Leyó tantas novelas que *terminó perdiendo* la *razón*. Se hacía llamar° Dulcinea del Toboso (en realidad se llamaba Aldonza Lorenzo), se creía° princesa (era hija de *aldeanos*), se imaginaba joven y hermosa (tenía cuarenta años y la cara picada de *viruelas°*). Finalmente se inventó un *enamorado* al que le dio el nombre de don Quijote de la Mancha. Decía que don Quijote había partido° hacia remotos reinos *en busca de* aventuras y *peligros, tanto como* para hacer méritos° y, *a la vuelta,* poder *casarse* con una dama de tanto copete° como ella. Se pasaba todo el tiempo asomada° a la ventana esperando el *regreso* del inexistente caballero. Alonso Quijano, un pobre diablo que la amaba, ideó° hacerse *pasar por* don Quijote. Vistió una vieja *armadura,* montó en su *rocín* y salió a los caminos a repetir las *hazañas* que Dulcinea atribuía a su *galán.* Cuando, seguro del *éxito* de su estratagema, *volvió* al Toboso, Dulcinea había muerto.

She had herself called
she believed herself to be

marked by smallpox

set out

to strive to be deserving
aristocratic
leaning out

thought up

Vocabulario activo

terminó (terminar) *ended up*
perdiendo (perder) *losing*
razón (f) *sanity; reason*
aldeano *peasant*
enamorado(a) *lover*
en busca de *in search of*
peligro *danger*
tanto como *as much as*
a la vuelta *on his return*
casarse *to get married*

asomarse *to appear at*
regreso *return*
pasar por *to pass as, to pretend to be*
armadura *suit of armour*
rocín (m) *nag (horse)*
hazaña *great deed, exploit, adventure*
galán (m) *suitor, hero*
éxito *success*
volvió (volver) *returned to*

Preguntas sobre la lectura

1. ¿Quién leyó tantas novelas?
2. Debido a estas lecturas, ¿qué le ocurrió a esta persona?
3. ¿Cómo se hacía llamar ella?
4. ¿Cómo se llamaba en realidad?
5. ¿Qué se creía y cómo se imaginaba ser?
6. ¿Qué se inventó la protagonista y qué nombre le dio a su invención?
7. ¿Qué decía ella?
8. ¿Dónde se pasaba todo el tiempo y qué esperaba?
9. ¿Quién era el pobre diablo que la amaba?
10. ¿Por quién ideó hacerse pasar él?
11. ¿Qué hizo Alonso Quijano para conquistar a Dulcinea?
12. Cuando Alonso Quijano volvió al Toboso, ¿qué le había pasado a Dulcinea?

DISCUSIÓN

1. Si Ud. conoce la obra maestra de Miguel de Cervantes, *Don Quijote de la Mancha* (en la cual don Quijote se imagina ser un caballero andante [*knight errant*] y sale en busca de aventuras para honrar a su imaginada Dulcinea, quien en realidad es la campesina Aldonza), ¿cómo se diferencian las perspectivas de Cervantes y las de Denevi?
2. ¿Está loco Alonso Quijano en esta versión de Marco Denevi? ¿y Aldonza?
3. ¿Cuál será la intención del autor de terminar el microcuento tal como lo hace? ¿Qué trata de decirnos sobre la vida?

Génesis

Con la última *guerra* atómica, la humanidad y la civilización desaparecieron. Toda la tierra fue como un desierto calcinado.° En cierta región de Oriente° *sobrevivió* un niño, hijo del piloto de una nave espacial.° El niño *se alimentaba* de *hierbas* y dormía en una caverna. Durante mucho tiempo, aturdido° por el horror del desastre, sólo sabía° llorar y clamar° por su padre. Después sus recuerdos se oscurecieron, se disgregaron,° se volvieron arbitrarios y *cambiantes* como un sueño, su horror se transformó en un vago *miedo. A ratos* recordaba la figura de su padre, que le sonreía o lo amonestaba,° o ascendía a su nave espacial, *envuelta* en *fuego* y en *ruido,* y se perdía° entre las *nubes.* Entonces, loco de soledad, caía de rodillas° y le *rogaba* que volviese. *Entretanto* la tierra se cubrió nuevamente de vegetación; las plantas se cargaron de° flores; los *árboles,* de frutos. El niño, convertido en° un muchacho, *comenzó* a explorar el país. Un día, vio un *ave.* Otro día vio un *lobo.* Otro día, inesperadamente,° *se halló* frente a una joven de su edad que, lo mismo que° él, había sobrevivido a los estragos° de la guerra atómica.

   —¿Cómo te llamas? —le preguntó.
   —Eva, —contestó la joven —. ¿Y tú?
   —Adán.

scorched / East

space

stunned / he would just
call out
disintegrated

scolded
disappeared, got lost
he would fall on his
  knees
bloomed into
turned into

unexpectedly
just like
ravages

Vocabulario activo

guerra *war*
sobrevivió (sobrevivir) *survived*
se alimentaba (alimentarse) *nourished*
                    himself
hierba *plant, herb*
cambiantes *changing, variables*

miedo *fear*
a ratos *at times*
envuelto *wrapped, enveloped*
fuego *fire*
ruido *noise*
nube (f) *cloud*

rogaba (rogar) *begged, to implore*
entretanto *meanwhile*
árbol (m) *tree*
comenzó (comenzar) *began, started to*

ave (f) *bird*
lobo *wolf*
se halló (hallarse) *found himself*

Preguntas sobre la lectura

1. ¿A causa de qué desaparecieron la humanidad y la civilización?
2. ¿En qué condición quedó la tierra?
3. ¿Sobrevivió alguien?
4. ¿De qué se alimentaba el niño?
5. Debido al horror del desastre, ¿qué hacía él?
6. Con el pasar del tiempo, ¿qué ocurrió?
7. ¿Cómo veía el niño a su padre?
8. ¿Qué hacía, entonces, el niño?
9. Entretanto, ¿qué le ocurrió a la tierra?
10. ¿Qué cosas vio el niño al comienzo?
11. ¿A quién vio al fin?
12. ¿Cómo se alimentaba ella? ¿y él?

DISCUSIÓN

1. ¿Especialmente con qué época reciente concuerda esta idea de la destrucción del mundo a raíz de una guerra nuclear?
2. ¿Qué simbolismo tendrá la imagen de la nave espacial, perdiéndose entre las nubes?
3. ¿Qué demuestra la fortitud del niño después del desastre atómico?
4. ¿Es este microcuento una demostración de optimismo de parte del autor?
5. Si este microcuento fuera pesimista, ¿en qué basaría Ud. este negativismo?
6. ¿Qué simbolismo tendrá el hecho de que los primeros animales que ve el niño son un ave y un lobo?
7. ¿Qué significa la palabra «Génesis»?

SÍNTESIS

Vocabulario y práctica

1. Dé un sinónimo o vocablo que exprese gran similitud con cada una de las palabras o expresiones siguientes:

ser suficiente	pájaro	comer	volver
mirar por la ventana	esconder	ruido	conflicto
no recordar	final	comenzar	descubrir
al mismo tiempo	implorar	rey	planta

2. Dé los antónimos de las palabras siguientes:

silencio	primero	desobedecer	divorciarse
morir	esconderse	aparecer	terminar

3. Escoja Ud. aquellos elementos de la segunda columna que puedan asociarse con los de la primera:

	hacer daño
	cielo
guerra	armadura
hierba	árbol
galán	empezar
disco	ruido
nube	alimentarse
crecer	comenzar
génesis	sinfonía
cena	fuego
	estrépito
	enamorado

4. Busque el sustantivo y el adjetivo que correspondan a cada uno de los siguientes verbos:

verbo	sustantivo	adjetivo
transformar	_____	_____
envolver	_____	_____
complacer	_____	_____
regresar	_____	_____

comer _____ _____
casarse _____ _____
amar _____ _____
desaparecer _____ _____

5. Haga frases completas empleando las palabras o expresiones siguientes:

   a. galán/vestir/armadura/salir/repetir/hazañas

   b. a ratos/Dulcinea/soñar con/enamorado/mientras/asomarse a/ventana

   c. bastar/apretar/botón/camión/andar

6. Escriba Ud. un párrafo de unas setenta y cinco (75) palabras empleando tantas palabras como pueda [*as many as you are able to*] de la lista siguiente:

máquina	estrépito	guerra	ruido
nube	hazaña	fuego	entretanto
camión	aturdido	sobrevivir	peligro
empezar	éxito	infierno	polvo

DISCUSIÓN GENERAL

1. El autor de *Apocalipsis* sitúa el fin de la raza humana en el siglo XXXII. ¿Cómo se imagina Ud. que será el fin del mundo y en qué época podría ocurrir?

2. Considerando el hecho de que la tecnología moderna ya ha producido autómatas (*robots*), ¿podrían ellos reemplazar a la raza humana? ¿Para qué se usan actualmente a los autómatas? ¿Está Ud. de acuerdo?

3. ¿Cuál es la reacción del hombre moderno ante la automatización (*automation*) en general? ¿Cómo nos afectan las computadoras en nuestro diario vivir? ¿Qué riesgos ve Ud. en el uso inapropiado de la tecnología moderna?

4. ¿Cuál es el tema central del relato *El Emperador de la China*? ¿Cómo interpreta Ud. este relato? ¿Podría Ud. compararlo con un hecho histórico que ocurrió no hace mucho tiempo en la China moderna?

5. De acuerdo con el pueblo chino de este cuento, una sociedad puede prosperar con un gobierno acéfalo (*without head of government*). ¿Podría suceder un caso similar en nuestra sociedad? Explique su punto de vista.

6. Compare el relato *El maestro traicionado* con la versión bíblica de Judas Iscariote del Nuevo Testamento. ¿Es una paráfrasis? ¿Cuál es la moral implícita en este relato?

7. ¿Se puede tener confianza en la lealtad (*loyalty*) de nuestros amigos? ¿Es la lealtad solamente una cualidad humana?

8. ¿Cómo reaccionaría Ud. ante la traición de un amigo? ¿Se puede justificar la deslealtad (*disloyalty*) y la traición por razones políticas? ¿Qué experiencias ha tenido Ud. al respecto?

9. ¿Cuáles son los temas que aparecen en el microcuento *Dulcinea del Toboso*? ¿Tienen estos temas una prevalencia universal en la literatura? ¿Por qué?

10. ¿Cuál es la diferencia entre el concepto del amor galante (tal como aparece en *Don Quijote de la Mancha* y en este relato sobre Dulcinea) y del amor de nuestra época moderna? ¿Qué cambios han ocurrido últimamente con respecto a una relación amorosa entre dos personas?

11. ¿Qué clase de amor prefiere Ud.? ¿el galante, el romántico o el realista? ¿Cuál es el papel del galán moderno? ¿Cómo son sus acciones con respecto a las hazañas del caballero andante?

12. ¿Es una locura el tratar de convertir nuestros sueños en una realidad y evadir la realidad que nos rodea, si ésta no es placentera? ¿Como resolvería Ud. este conflicto? ¿Con cuántas realidades se confronta el hombre moderno?

13. En el microcuento *Génesis* de Denevi, vemos otra versión del origen de nuestro universo. ¿Podría Ud. analizar esta versión con la creación de Adán y Eva del Génesis bíblico e indicar las similitudes y las diferencias?

14. En lecturas anteriores aparecen otras versiones sobre la creación. Repase los relatos del *Popol Vuh* (pág. 17-20), de *El origen de los Incas* (pág. 49) y compárelos con el *Génesis* de Denevi. ¿Qué elementos aparecen constantemente en estos relatos? ¿En qué difieren estas versiones?

15. Según lo expuesto por Denevi, ¿cree Ud. que la humanidad tiene la capacidad para destruirse a sí misma? ¿Qué opina Ud. sobre el uso de las armas nucleares? ¿Existe el peligro de que se produzca una guerra atómica mundial? ¿Cómo se podría evitar este desastre?

16. ¿Qué posición debería adoptar nuestro país en cuanto al uso de la energía nuclear con fines pacíficos en vez de bélicos? ¿Qué opina el público respecto a la instalación de plantas de energía atómica en áreas urbanas y suburbanas? ¿Cuál es su posición?

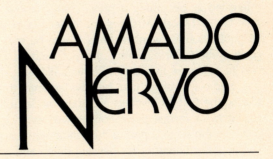

14

AMADO NERVO (1870-1919) was one of the leaders of the modernist movement of the Spanish language. Originally interested in becoming a priest, Nervo chose instead the arts. His first work, *Místicos* is a collection of poetry. After its publication he went to Paris where he met the Nicaraguan Rubén Darío. Darío, the patriarch of modernism,[G] was to influence the rest of Nervo's life.

Nervo's writings can be divided into three periods. During the first he displays a certain modernistic boldness, a search for formal perfection as well as a certain refinement. In the second period the fundamental note reflects a vague presentiment of life beyond death and anxiety when facing the mysteries of life. It is a time of identification with nature and brotherhood of resignation and humility before the mystery of God. The final period is one in which he exhibits great simplicity and depth. The author's spirit rebels against death because he has lost the woman he loves. His rebellion exposes his uncertainty before such mysteries as Christian resurrection. "Una esperanza" is a good example of Nervo's preoccupation with death. His protagonist faces it, tries to understand it, and escape from it. The story masterly builds up tension to a climatic ending in which life and death almost balance each other. The imbalance is due merely to chance.

Una esperanza (I)

En un ángulo de la *pieza,* habilitada° de *capilla,* Luis, el **converted**
joven militar, abrumado° por todo el peso de su mala for- **overwhelmed**
tuna, pensaba.

Pensaba en los viejos días de su *niñez,* pródiga° en **lavished**
goces y rodeada de mimos,° en la amplia y tranquila casa **pamperings**
paterna, uno de esos caserones° de provincia, sólidos, vas- **mansions**
tos, con jardín, *huerta* y establos, con espaciosos corre-
dores, con grandes ventanas que abrían sobre la solitaria
calle de una ciudad de segundo orden (no lejos por cierto° **certainly**
de aquella° en que él iba a morir), sus rectángulos cubier- **the one**
tos por encorvadas° y potentes *rejas,* en las cuales lucía° **bending / displayed**
discretamente la gracia viril de los rosetones° de hierro **rosettes**
forjado.

Recordaba su adolescencia, sus primeros ensueños,° **illusions**
vagos como luz de estrellas, sus amores (cristalinos, miste-
riosos, asustadizos° como un cervatillo° en la montaña y **timid / musk-deer**
más pensados que dichos), con la «güerita»° de enagua **blondie [Mexicanism]**
corta, que apenas deletreaba° los libros y la vida . . . **could understand**

Luego *desarrollábase* ante sus ojos el claro *paisaje* de
su *juventud* fogosa,° sus camaradas alegres y sus rela- **impetuous**
ciones, ya serias, con la rubia de marras,° vuelta° mujer, y **well-known / now a**
que ahora, porque él volviese con bien,° *rezaba,* ¡ay!, en **would return safe**
vano, en vano . . .

Y, por último, llegaba a la época más reciente de su
vida, al período de entusiasmo patriótico, que le hizo
afiliarse al partido liberal, *amenazado* de muerte por la
reacción,° a la cual *ayudaba* en esta vez un poder ex- **the reactionaries**
tranjero; y tornaba° a ver el momento en que un maldito **returned to**
azar° de la guerra, después de varias escaramuzas,° le ha- **chance / skirmishes**
bía llevado a aquel espantoso trance.° **frightening situation**

Cogido° con las armas en la mano, hecho prisionero **Caught**
y ofrecido con otros compañeros a trueque de° las vidas de **in exchange for**
algunos oficiales reaccionarios, había visto *desvanecerse* su
última *esperanza,* en virtud de que la proposición de

canje° llegó tarde, cuando los liberales, sus correligionarios,° habían *fusilado* ya a los prisioneros conservadores.

Iba, pues, a morir. Esta idea, que había salido por° un
instante de la zona de su pensamiento, gracias a la excursión amable por los sonrientes recuerdos de la niñez y de
la juventud, volvía de pronto,° con todo su horror,
estremeciéndole° de pies a cabeza.

Iba a morir . . . , ¡a morir! No podía creerlo, y, *sin em-*
bargo, la verdad tremenda se imponía: bastaba mirar en
rededor:° aquel altar improvisado, aquel Cristo viejo y ges-
ticulante sobre cuyo cuerpo esqueletoso caía móvil° y si-
niestra la luz amarillenta de las *velas,* y, allí cerca, visibles
a través de la rejilla° de la puerta, los centinelas de vista . . .
Iba a morir, así: fuerte, joven, rico, amado . . . ¡Y todo por
qué! Por una abstracta noción de *Patria* y de partido . . .
¿Y qué cosa era la Patria? . . . Algo muy impreciso, muy
vago para él en aquellos momentos de turbación;° en tanto
que° la vida, la vida que iba a perder, era algo real, realí-
simo, concreto, definido . . . , ¡era su vida!

—¡La Patria! ¡Morir por la Patria! —pensaba—. Pero
es que ésta, en su augusta y divina consciencia, no sabrá
siquiera° que he muerto por ella . . .

—¡Y qué importa, si tú lo sabes!—le replicaba allá
dentro un subconsciente misterioso—. La Patria lo sabrá
por tu propio conocimiento, por tu *pensamiento* propio,
que es un pedazo° de su pensamiento y de su conciencia
colectiva: eso basta . . .

No, no bastaba eso . . . , y, sobre todo, no quería morir: su vida era «muy suya»,° y no se resignaba a que se
la quitaran.° Un formidable instinto de conservación se
sublevaba° en todo su ser y ascendía incontenible, tortura-
dor y lleno de protestas.

A veces, la fatiga de las prolongadas vigilias anteriores,° la intensidad de aquella sorda° fermentación de su
pensamiento, el exceso mismo de la pena, le abrumaban,
y dormitaba un poco; pero entonces, su *despertar* brusco

Glossary:
- canje° — exchange
- correligionarios° — sympathizers
- salido por° — came about
- volvía de pronto° — suddenly
- estremeciéndole° — making him tremble
- en rededor:° — around
- móvil° — shakily
- rejilla° — latticework
- turbación;° — confusion
- en tanto que° — while
- siquiera° — even
- pedazo° — part
- «muy suya»° — very much his own
- la quitaran° — take away
- sublevaba° — rose up
- anteriores° / sorda° — previous / silent

y la inmediata, clarísima y repentina° noción de su fin, un
punto perdido, eran un tormento inefable;° y el cuitado,°
con las manos sobre el *rostro, sollozaba* con un sollozo
que, llegando al oído de los centinelas, hacíales asomar°
por la rejilla sus caras atezadas,° en las que se leía la secu-
lar indiferencia del indio.

sudden
indescribable /
** troubled one**
look out [of]
tan

Vocabulario activo

pieza *room*
capilla *chapel*
niñez (f) *childhood*
huerta *orchard*
reja *grille*
hierro forjado *cast iron*
desarrollábase (desarrollarse) *was*
                                   unfolding
paisaje (m) *landscape; image*
juventud (f) *youth*
rezaba (rezar) *prayed*
amenazado (amenazar) *threatened*
ayudaba (ayudar) *supported, helped*

desvanecerse *vanish, disappear*
esperanza *hope*
canje (m) *exchange*
fusilado (fusilar) *shot by (firing squad)*
sin embargo *nevertheless*
vela *candle*
a través de *through*
patria *homeland (fatherland)*
pensamiento *thinking, mind; thought*
despertar (n.m.) *awakening*
rostro *face*
sollozaba (sollozar) *sobbed*

Preguntas sobre la lectura

1. ¿Qué hacía Luis?
2. En pocas palabras, ¿en qué pensaba?
3. ¿En qué cosas de su adolescencia pensaba?
4. ¿Qué había ocurrido en la época más reciente?
5. ¿Cuál había sido su última esperanza de salvarse?
6. ¿Por qué se desvaneció esta última esperanza?
7. ¿Qué pensamiento de Luis se le repite en la mente y lo ho-
   rroriza?

8. ¿Qué era más real, la noción de Patria o la vida que iba a perder?
9. ¿Por qué no se resignaba a que le quitaran la vida?
10. ¿Cuál era la reacción de los centinelas a la turbación de Luis?

DISCUSIÓN

1. Según su lectura de este relato, ¿de qué dependen la vida y la muerte?
2. Mirado desde el punto de vista de los conservadores, ¿merece morir Luis?
3. ¿Qué lleva a Luis a participar en esta lucha revolucionaria?
4. ¿Cuál es la técnica que usa el autor para darle al lector una perspectiva del pasado de Luis?

Una esperanza (II)

Se oyó en la puerta un breve cuchicheo,° y en seguida ésta se abrió dulcemente° para dar entrada a un sombrío personaje, cuyas *ropas* se diluyeron casi en el negro de la noche, que vencía° las últimas claridades crepusculares.

Era un *sacerdote*.

El joven militar, apenas lo vio, *se puso en pie* y extendió hacia él los brazos como para *detenerlo*, exclamando.

—¡Es *inútil*, padre; no quiero confesarme!

Y sin aguardar a que la sombra respondiera, continuó con exaltación creciente:

—No, no me confieso; es inútil que venga usted a *molestarse*. ¿Sabe usted lo que quiero? Quiero la vida, que no me *quiten* la vida: es mía, muy mía y no tienen derecho de arrebatármela . . .° Si son cristianos, ¿por qué me matan? *En vez de* enviarle a usted a que me abra las puertas de la vida eterna, que empiecen por no *cerrarme* las de ésta . . . No quiero morir, ¿entiende usted? Me rebelo a morir: soy joven, estoy sano, soy rico, tengo padres y una novia que me adora; la vida es bella, muy bella para mí . . . Morir en el campo de batalla, en medio del estruendo° del combate, al lado de los compañeros que *luchan*, enardecida° la *sangre* por el sonido del clarín . . . ,° ¡bueno, bueno! Pero morir oscura y tristemente, pegado a la barda° mohosa° de una *huerta*, en el *rincón* de una sucia plazuela,° a las primeras luces del *alba*, sin que nadie *sepa* siquiera que ha muerto uno como los hombres . . . , ¡padre, padre, eso es horrible!

Y el infeliz° se echó° en el suelo sollozando.

—Hijo mío—dijo el sacerdote cuando comprendió que podía ser oído—: yo no vengo a *traerle* a usted los consuelos de la religión; en esta vez soy emisario de los hombres y no de Dios, y si usted me hubiese oído con calma desde un principio,° hubiera *evitado* esa exacerbación de pena que le hace *sollozar* de tal manera. Yo vengo

whispering
softly

conquered

take it away from me

clamour
excited (by) / trumpet

thatch / musty
little square

wretch / threw himself

from the beginning

a traerle justamente° la vida, ¿entiende usted?, esa vida que usted pedía hace un instante con tales extremos de angustia . . . ¡La vida que es para usted tan preciosa! Óigame con atención, *procurando* dominar sus nervios y sus emociones, porque no tenemos tiempo que *perder:* he entrado con el pretexto de confesar a usted y es preciso que° todos crean que usted se confiesa; arrodíllese,° pues, y *escúcheme.* Tiene usted amigos poderosos que se interesan por su suerte;° su familia ha hecho hasta lo imposible por salvarlo, y no pudiendo obtenerse del Jefe de las Armas la gracia° de usted, se ha logrado° con graves dificultades e incontables *riesgos sobornar* al jefe del pelotón° encargado de *fusilarle.* Los *fusiles* estarán cargados° sólo con pólvora° y taco;° al oír el disparo, usted *caerá* como los otros, los que con usted serán llevados al patíbulo,° y permanecerá° immóvil. La *obscuridad* de la hora le ayudará a representar esta comedia. Manos piadosas°—las de los hermanos de la Misericordia,° ya de acuerdo—le recogerán a usted del sitio en cuanto el pelotón se aleje,° y le ocultarán hasta llegada la noche, durante la cual sus amigos facilitarán su huida.° Las tropas liberales avanzan sobre la ciudad, a la que pondrán,° sin duda, cerco° dentro de breves horas. Se unirá usted a ellas si gusta. Conque . . .° ya lo sabe usted todo: ahora *rece* en voz alta el «yo pecador»,° mientras pronuncio la fórmula de la absolución, y procure dominar su júbilo° durante el tiempo que falta° para la ejecución, a fin de que° nadie sospeche la verdad.

—Padre—murmuró el oficial, a quien la invasión de una alegría loca permitía apenas el uso de la palabra—° ¡que Dios lo bendiga!

Y luego, presa° súbitamente° de una duda terrible:

—Pero . . . ¿todo esto es verdad?—añadió° temblando—. ¿No se trata de° un *engaño* piadoso, destinado a endulzar mis últimas horas? ¡Oh, eso sería inicuo,° padre!

—Hijo mío: un engaño de tal naturaleza constituiría la mayor de las infamias, y yo soy incapaz de cometerla . . .

exactly [what you ask for]

it is necessary that
kneel down

fate
pardon / it has been possible to
firing squad
loaded / gunpowder
wadding
scaffold / will remain

merciful
Brothers of Mercy
moves away
escape

lay, . . . , siege
So
"act of Contrition"

joy / before
so that

to speak

seized / suddenly
added
Isn't a question of
wicked

—Es cierto, padre; ¡perdóneme, no sé lo que digo, estoy loco de contento!° happiness

—Calma, hijo, mucha calma y hasta mañana: yo estaré con usted en el momento solemne.

Vocabulario activo

ropas *clothes*
sacerdote (m) *priest*
se puso (ponerse) en pie *stood up*
detenerlo (detener) *stop (him)*
inútil *useless*
molestarse *to bother oneself*
quiten (quitar) *would take away, would deprive (me) of*
en vez de *instead of*
cerrarme (cerrar) *close (me)*
luchan (luchar) *fight, struggle*
sangre (f) *blood*
huerta *orchard*
rincón (m) *corner*
alba (m, sing.) *dawn, daybreak*
sepa (saber) *would know, may know*
traerle (traer) *bring you*

evitado (evitar) *avoided*
sollozar *to sob*
procurando (procurar) + inf. *trying to + inf.*
perder *to waste (of time); to lose*
escúcheme (escuchar) *listen to me*
lograr *to achieve, to manage to do something, to obtain*
riesgos *risks*
sobornar *to bribe*
fusilarle (fusilar) *shoot you (by firing squad)*
fusil *rifle*
caerá (caer) *will fall down*
obscuridad *darkness*
rece (rezar) *pray*
engaño *deceit, fraud*

Preguntas sobre la lectura

1. ¿Quién entró a la celda de Luis?
2. ¿Qué exclamó Luis al ver al sacerdote?
3. Según Luis, ¿qué es lo que más quiere?
4. ¿Qué tipo de muerte aceptaría Luis?
5. ¿Cuál es la muerte que lo espera ahora?

6. En su desesperación, ¿qué hizo Luis?
7. ¿A qué ha venido el sacerdote?
8. ¿Qué se ha logrado a pesar de las graves consecuencias?
9. ¿Qué hará Luis al oír el disparo?
10. ¿Qué harán los hermanos de la Misericordia?
11. ¿Qué dudas expresa Luis sobre este plan?

DISCUSIÓN

1. ¿Por qué razón cree Ud. que el sacerdote aceptaría la misión de ser un emisario de los hombres?
2. ¿Se justifica el empleo del soborno con el fin de salvar una vida en peligro de muerte?
3. Si Luis lograse huir de la cárcel, se uniría a las tropas liberales o se fugaría (*escape*) a un país libre?

Una esperanza (III)

Apuntaba apenas el alba,° un alba desteñida° y friolenta° de febrero, cuando los *presos*—cinco por todos—que debían ser *ejecutados*, fueron sacados de la prisión y conducidos, en compañía del sacerdote, que rezaba con ellos, a una plazuela terregosa° y triste, limitada por bardas° semiderruidas° y donde era costumbre *llevar a cabo* las ejecuciones.

Nuestro Luis marchaba entre todos con paso firme, con erguida° frente, pero llena el alma de una emoción desconocida y de un deseo infinito de que acabase° pronto aquella horrible farsa.

Al llegar a la plazuela, los cinco reos° fueron colocados en fila, a cierta distancia, y la tropa que los escoltaba, a la voz de mando, se dividió en cinco grupos de a siete hombres, según previa distribución hecha en el cuartel.°

El Coronel del Cuerpo, que asistía° a la ejecución, indicó al sacerdote que vendara° a los reos y se alejase° luego a cierta distancia. Así lo hizo el padre, y el jefe del pelotón dio las primeras órdenes con voz seca° y perentoria.

La leve sangre de la aurora° empezaba a teñir° con desmayo melancólico las nubecillas del Oriente, y estremecían el silencio de la *madrugada* los primeros toques° de una campanilla cercana que llamaba a misa.°

De pronto una espada rubricó° el aire, una detonación formidable y desigual° llenó de ecos la plazuela, y los cinco cayeron trágicamente en medio de la penumbra semirrosada° del *amanecer*.

El jefe del pelotón hizo en seguida desfilar° a sus hombres con la cara vuelta hacia los ajusticiados,° y con breves órdenes organizó el regreso al cuartel, mientras que los hermanos de la Misericordia se apercibían° a recoger los cadáveres.

En aquel momento, un granuja° de los muchos maña-

At daybreak / faded / chilly
lumpy / walls semi-destroyed
proud would end
prisoners
barracks was present blindfold / move away sharp
the reddish light of dawn / to tinge sounds / was calling to attend Mass cut unequal pinkish parade executed were preparing to urchin

neadores° que asistían a la ejecución, gritó con voz des- **early risers**
templada,° señalando a Luis, que yacía cual largo era° al **harsh / was lying flat**
pie del muro:

—¡Ese está vivo! ¡Ese está vivo! Ha movido una
pierna . . .

El jefe del pelotón *se detuvo,* vaciló un instante, quiso
decir algo al pillete;° pero sus ojos se encontraron con la **little rogue**
mirada interrogadora, fría e imperiosa del Coronel, y des-
nudando° la gran pistola de Colt, que llevaba ceñida,° **unholstering / strapped**
avanzó hacia Luis, que, preso del terror más espantoso,° **terrifying**
casi no respiraba, apoyó° el cañón en su sien° izquierda e **pressed / temple**
hizo fuego.

Vocabulario activo

preso *prisoner*
llevar a cabo *to carry out, to execute*
madrugada *early morning; dawn,*
  daybreak

amanecer (m) *dawn; to dawn* (as verb)
se detuvo (detenerse) *stopped*
hizo (hacer) fuego *fired, shot*

Preguntas sobre la lectura

1. ¿Cómo marchaba Luis hacia el lugar de su ejecución?
2. Al llegar a la plazuela, ¿dónde fueron colocados los reos y qué hizo la tropa?
3. ¿Qué indicó el Coronel del Cuerpo al sacerdote?
4. Cuando la espada rubricó el aire, ¿qué ocurrió?
5. Mientras los hombres del pelotón desfilaban, ¿qué se apercibían a hacer los hermanos de la Misericordia?
6. ¿Qué gritó el granuja que, como muchos, asistía a la ejecución?
7. ¿Con quién se encontraron los ojos del jefe del pelotón?
8. ¿Cómo está Luis durante esos momentos?
9. ¿Qué hizo, al fin, el jefe del pelotón?

DISCUSIÓN

1. ¿Cuál es el efecto sobre Ud. como observador(a) y lector(a) del desenlace tan inesperado de este cuento? ¿Es inesperado?
2. ¿Qué papel desempeña el granuja que señala a Luis?
3. Describa Ud. cómo este cuento crea el ambiente de emoción y terror que casi termina felizmente para el protagonista.

SÍNTESIS

Vocabulario y práctica

1. ¿Cuántas palabras conoce Ud. que expresen el comienzo del día [*dawn*]?

2. ¿Qué colores de la segunda columna asocia Ud. con los siguientes vocablos de la primera?

hierro	rojo
paisaje	azul
fusilar	anaranjado (naranja)
vela	gris
patria	negro
rostro	blanco
sacerdote	rosado
sangre	amarillo
luchar	verde
alba	violeta (morado)
sobornar	pardo (café)
hacer fuego	

3. Dé la relación o conexión que existe entre las dos palabras separadas por una rayita [*slash*]:

niñez—juventud	sacerdote—rezar
sollozar—camión	vela—luz

amanecer—día   rincón—pieza
arma—hacer fuego   sobornar—dinero
alba—medianoche   traer—tener
lograr—terciopelo   hierro—amanecer
echarse a—amanecer   luchar—sangre
sangre—sufrir   fusilar—morir
amenazar—luchar   reja—preso

4. Haga una frase para cada sección empleando los vocablos incluidos en el orden presentado:

   a. a través de/rejas/Luis/ver/paisaje/última vez
   b. en vez de/perder/esperanza/preso/pensar/sobornar/sargento
   c. rincón/capilla/haber/sacerdote/rezar
   d. amanecer/traer/Luis/rincón/plazuela

DISCUSIÓN GENERAL

1. ¿Qué temas aparecen en el microcuento *Una esperanza?* ¿Encuentra Ud. una cierta ironía en el título?
2. ¿Cuál es el conflicto aparente del soldado revolucionario de este relato? ¿tener que aceptar la muerte por heroísmo y lealtad a sus convicciones o tener que abandonar la gloria y riquezas que le ofrece la vida?
3. Si Ud. se encontrara en una situación idéntica a la de este soldado, ¿qué optaría Ud. por hacer?
4. ¿Fue el joven soldado una víctima de la fatalidad? ¿Hasta qué punto puede el hombre forjarse y controlar su propio destino, o es el destino el que domina al hombre? Reflexione y explique su punto de vista.
5. ¿En qué consiste la teoría del determinismo y cuándo se desarrolló?
6. ¿Diría Ud. que la vida de un militar está sometida a grandes riesgos y a escasos beneficios? ¿Es el deber del soldado obedecer órdenes y defender a su país? Si este país entrara a la guerra, ¿se enlistaría Ud. en el ejército como voluntario?

7. ¿Cuándo es necesario para una nación tener servicio militar obligatorio? ¿Debería reclutarse a las mujeres también? ¿Qué cambios han ocurrido en este país con respecto al servicio militar? ¿Está Ud. de acuerdo con ellos?

8. ¿Cree Ud. que las naciones antiguas eran más militaristas y guerreras que las modernas? ¿Con qué frecuencia se producen conflictos bélicos en el mundo? ¿A qué se debe este fenómeno?

AUGUSTO MONTERROSO

15

AUGUSTO MONTERROSO (1921-) is a follower of the modern day writers Rafael Arévalo Martínez and Miguel Angel Asturias. Monterroso's short stories are psychological in nature. They have appeared in newspapers and magazines in his native Guatemala. In 1959 he published *Obras completas y otros cuentos* comprised of thirteen of his narratives. His style is characteristic in his use of irony.[G] He treats society as well as traits in people with cutting sarcasm and mockery. His characters are obsessed with the trivial and thus they exemplify the absurdities in life as well as the absurdity of life.

The following story, *Mr. Taylor,* is a caricature of the "American" as he/she often appears in the eyes of a Hispano. The portrait is filled with irony, some subtle, some less so, and with a cutting parody of the American businessman.

Mr. Taylor

Menos rara, aunque sin duda más ejemplar°—dijo entonces el otro—, es la *historia* de Mr. Percy Taylor, cazador de cabezas° en la *selva* amazónica.

Se sabe que en 1937 *salió de* Boston, Massachusetts, en donde había pulido° su espíritu hasta el extremo de no tener un centavo. En 1944 aparece por primera vez en América del Sur, en la región del Amazonas, conviviendo° con los indígenas° de una tribu cuyo nombre *no hace falta* recordar.

Por sus ojeras° y su aspecto famélico° pronto *llegó a ser* conocido allí como «el gringo pobre», y los niños de la escuela hasta lo señalaban con el dedo° y le *tiraban* piedras cuando pasaba con su *barba* brillante bajo el dorado sol tropical. Pero esto no afligía° la *humilde* condición de Mr. Taylor porque había leído en el primer tomo de las *Obras Completas* de William G. Knight que si no se siente envidia de los ricos° la *pobreza* no deshonra.

En pocas semanas los naturales° *se acostumbraron* a él y a su *ropa* extravagante. Además, como tenía los ojos azules y un vago acento extranjero, el Presidente y el Ministro de Relaciones Exteriores° lo trataban con singular respeto, temerosos° de provocar incidentes internacionales.

Tan pobre y mísero° estaba, que cierto día se internó° en la selva en busca de hierbas para *alimentarse*. Había caminado cosa de° varios metros sin atreverse a° volver el rostro, cuando por pura casualidad° vio a través de la maleza° dos ojos indígenas que lo observaban decididamente. Un largo estremecimiento° recorrió° la sensitiva *espalda* de Mr. Taylor. Pero, Mr. Taylor, intrépido, arrostró° el peligro y siguió su camino *silbando* como si nada hubiera visto.

De un salto° (que no hay para qué llamar felino) el nativo se le puso enfrente y exclamó:

—*¿Buy head? Money, money.*

A pesar de que el inglés no podía ser peor,° Mr.

exemplary	
headhunter	
had been cleaned out	
living	
natives, Indians	
rings under the eyes / famished	
pointed at him	
didn't affect	
the rich	
natives	
Foreign Affairs	
fearful	
pitiful / penetrated	
some / without daring	
by mere chance	
brushwood	
shudder / went down	
defied	
leaping	
worse	

Taylor, algo indispuesto, sacó en claro° que el indígena le ofrecía en venta° una cabeza de hombre, curiosamente reducida, que traía° en la mano.

Es innecesario decir que Mr. Taylor no estaba en capacidad° de comprarla; pero como aparentó° no comprender, el indio *se sintió* terriblemente disminuido° por no hablar bien el inglés, y se la *regaló,* pidiéndole disculpas.°

Grande fue el regocijo° con que Mr. Taylor regresó a la *choza.* Esa noche, acostado boca arriba° sobre la precaria estera° de palma que le servía de *lecho,* Mr. Taylor contempló con deleite° durante un buen rato su curiosa adquisición. El mayor goce° estético lo extraía de° contar, uno por uno, los pelos de la barba y el *bigote,* y de ver de frente al par de ojillos entre irónicos que parecían sonreírle agradecidos por aquella deferencia.

Hombre de vasta cultura, Mr. Taylor solía entregarse° a la contemplación; pero esta vez en seguida se aburrió° de sus reflexiones filosóficas y dispuso obsequiar° la cabeza a un tío suyo, Mr. Rolston, residente en Nueva York, quien desde la más tierna infancia había revelado una fuerte inclinación por las manifestaciones culturales de los pueblos hispanoamericanos.

Pocos días después el tío de Mr. Taylor le pidió —previa indagación° sobre el estado de su importante salud—que por favor lo complaciera° con cinco más. Mr. Taylor accedió gustoso° al capricho° de Mr. Rolston y—no se sabe de qué modo°—a vuelta de correo° «tenía mucho agrado en satisfacer sus deseos». Muy reconocido.° Mr. Rolston le solicitó otras diez. Mr. Taylor se sintió «halagadísimo° de poder servirlo». Pero cuando pasado un mes aquél le rogó el envío° de veinte, Mr. Taylor, hombre rudo° y barbudo pero de refinada sensibilidad artística, tuvo el presentimiento de que el hermano de su madre estaba *haciendo negocio* con ellas.

Bueno, si lo quieren saber, así era. Con toda franqueza, Mr. Rolston se lo dio a entender en una inspirada *carta* cuyos términos resueltamente° comerciales

	figured out
	for sale
	was carrying
	was not able / pretended
	embarrassed
	apologizing
	joy
	lying face up
	matting
	pleasure
	enjoyment / obtained from
	would submit himself
	became bored
	give
	after inquiring
	if he could please him
	with pleasure / whim
	how / by return mail
	Yours truly
	extremely flattered
	begged him to send
	rough
	boldly

hicieron vibrar como nunca las cuerdas del *sensible* espíritu de Mr. Taylor.

De inmediato concertaron° una sociedad en la que Mr. Taylor *se comprometía* a obtener y *remitir* cabezas humanas reducidas en escala° industrial, *en tanto que* Mr. Rolston las *vendería* lo mejor que pudiera en su país.

Los primeros días hubo algunas molestas° dificultades con ciertos tipos° del lugar. Pero Mr. Taylor, que en Boston había logrado las mejores notas° con un ensayo sobre Joseph Henry Silliman, se reveló° como político y obtuvo de las autoridades no sólo el permiso necesario para exportar, sino,° además, una concesión exclusiva por noventa y nueve años. Escaso trabajo le costó convencer al guerrero° Ejecutivo y a los brujos° Legislativos de que aquel paso patriótico *enriquecería* en corto tiempo a la comunidad, y de que luego° estarían todos los sedientos° aborígenes en posibilidad de beber (cada vez que hicieran una pausa en la recolección de cabezas), un refresco bien frío, cuya fórmula mágica él mismo proporcionaría.°

Cuando los miembros de la Cámara, después de un breve pero luminoso esfuerzo intelectual, *se dieron cuenta* de tales° ventajas, promulgaron un decreto exigiendo° al pueblo que acelerara la producción de cabezas reducidas.

En el país de Mr. Taylor las cabezas *alcanzaron* aquella popularidad que todos recordamos. Al principio eran privilegio de las familias más pudientes;° pero la democracia es la democracia y, nadie lo va a negar, en cuestión de° semanas pudieron adquirirlas hasta los mismos maestros de escuela.

Un *hogar* sin su correspondiente cabeza teníase por° un hogar fracasado.° Pronto vinieron los coleccionistas y, con ellos, las contradicciones: poseer diecisiete cabezas llegó a ser considerado de mal gusto; pero era distinguido tener once. Se vulgarizaron tanto que los verdaderos elegantes fueron perdiendo° interés y ya sólo por excepción adquirían alguna, si presentaba cualquier particularidad que la salvara de lo vulgar. Una, muy rara, con bigotes

formed

quantity

bothersome
individuals
marks ·
made himself known

but

warrior / conjurers

then / thirsty

would furnish

such / demanding

wealthiest

in a matter of

was held to be
failure

began losing

prusianos, que *perteneciera* en vida a un general bastante condecorado, fue obsequiada° al Instituto Danfeller, el que a su vez° donó, como de rayo,° tres y medio millones de dólares para *impulsar* el desenvolvimiento° de aquella manifestación cultural, tan excitante, de los pueblos hispanoamericanos.

Pero ¿qué quieren? No todos los tiempos son buenos. Cuando menos lo esperaban° se presentó la primera *escasez* de cabezas.

Las meras defunciones° resultaron ya insuficientes. El Ministro de Salud Pública se sintió sincero, y le confesó a su mujer que se consideraba incapaz de elevar la mortalidad a un nivel° grato° a los intereses de la Compañía, a lo que ella contestó que no *se preocupara,* que ya vería como todo iba a salir bien, y que mejor se durmieran.

Para compensar esa deficiencia administrativa fue indispensable tomar medidas heroicas y se estableció la pena de muerte° en forma rigurosa.

Los juristas se consultaron unos a otros° y elevaron a la categoría de delito,° penado° con *la horca* o *el fusilamiento,* según su gravedad, hasta la falta más nimia.°

Incluso° las simples equivocaciones° pasaron a ser hechos delictuosos.° Ejemplo: si en una conversación banal, alguien, por puro descuido,° decía: «hace mucho calor», y posteriormente podía comprobársele,° termómetro en mano, que en realidad el calor no era para tanto,° se le cobraba° un pequeño *impuesto* y era ahí mismo pasado por las armas,° correspondiendo la cabeza a la Compañía y, justo es decirlo, el tronco y las extremidades a los dolientes.°

La legislación sobre las *enfermedades* ganó inmediata resonancia y fue muy comentada por el Cuerpo Diplomático y por las Cancillerías de potencias° amigas.

De acuerdo con esa memorable legislación, a los enfermos graves se les concedían° veinticuatro horas para poner en orden sus papeles y morirse; pero si en este tiempo tenían suerte y lograban contagiar° a la familia,

---

Marginal glosses:

was given to
turn / soon after
development

When least expected

just the normal deaths

level / desirable

death penalty

each other
crime / punishable
slight
Even / mistakes
criminal acts
out of carelessness
was proven to him
so bad
was charged
executed

mourners

powers

were given

managed to infect

obtenían tantos plazos de un mes como° parientes fueran
contaminados. *Fallecer* se convirtió en ejemplo del más
exaltado patriotismo, no sólo en el orden nacional, sino en
el más glorioso, en el continental.

Dada° la prosperidad del negocio llegó un momento
en que del *vecindario* sólo iban quedando° ya las autoridades y sus señoras y los *periodistas* y sus señoras. Sin
mucho esfuerzo, el cerebro de Mr. Taylor discurrió° que el
único remedio posible era fomentar la guerra con las *tribus*
vecinas. ¿Por qué no? El progreso.

Con la ayuda de unos cañoncitos, la primera tribu fue
limpiamente descabezada en escasos tres meses. Mr. Taylor saboreó° la gloria de extender sus dominios. Luego
vino la segunda; después la tercera y la cuarta y la quinta.
El progreso se extendió con tanta rapidez que llegó la hora
en que, por más esfuerzos que realizaron los técnicos,° no
fue posible encontrar tribus vecinas a quienes hacer la
guerra.

Fue el principio del fin.

El *fabricante* de ataúdes° estaba más triste y fúnebre°
que nunca. Y todos sentían como si *acabaran de* recordar
un grato sueño, de ese sueño formidable en que tú te en-
cuentras una bolsa repleta° de monedas° de oro y la pones
debajo de la *almohada* y sigues durmiendo y al día siguiente muy temprano, al despertar, la buscas y te hallas
con el vacío.°

En la patria de Mr. Taylor, *por supuesto,* la demanda
era cada vez mayor.° Diariamente aparecían nuevos inven-
tos, pero en el fondo° nadie creía en ellos y todos exigían°
las cabecitas hispanoamericanas.

Mr. Rolston, desesperado, pedía y pedía más cabezas.
A pesar de° que las acciones° de la Compañía sufrieron un
brusco descenso, Mr. Rolston estaba convencido de que su
sobrino haría algo que lo sacara° de aquella situación.

Los *embarques,* antes diarios, disminuyeron° a uno
por mes, ya con cualquier cosa, con cabezas de niño, de
señoras, de diputados.

	as many extensions per month as
	Given
	were left
	reflected
	tasted
	no matter how much the technicians tried
	coffins / gloomy
	full / coins
	the empty space
	ever growing
	deep inside / demanded
	In spite of / shares
	would extricate him
	were reduced

De repente cesaron del todo.°   altogether

Un viernes áspero° y gris, de vuelta de° la *Bolsa,* atur-   bitter / back from
dido° aún por la gritería° y por el lamentable espectáculo   stunned / shouting
de pánico que daban sus amigos, Mr. Rolston se decidió a
saltar por° la ventana (en vez de usar el revólver, cuyo   jump out
ruido lo hubiera llenado de terror) cuando al abrir un paquete del correo se encontró con la cabecita de Mr. Taylor
que le sonreía desde lejos, desde el fiero° Amazonas, con   savage
una sonrisa falsa de niño que parecía decir: «Perdón, perdón, no lo *vuelvo a hacer.*»

Vocabulario activo

historia *story; history*
selva *jungle*
salió (salir) *left*
no hace (hacer) falta + inf.
 is not necessary to + inf.
llegó (llegar) a ser *became*
tiraban (tirar) *threw*
barba *beard; chin*
humilde *humble*
pobreza *poverty*
se acostumbraron (acostumbrarse)
 became accustomed to
ropa *clothing, cloth*
alimentarse *to nourish oneself, to feed on;*
 to eat
espalda *back*
silbando (silbar) *whistling*
se sintió (sentirse) *felt (himself)*
regaló (regalar) *gave (a present), gave*
 away
choza *hut*
lecho *bed*

bigote (m) *mustache*
haciendo (hacer) negocio
 making money (from)
 a business deal
carta *letter*
sensible *sensitive*
se comprometía (compremeterse)
 agreed to
remitir *to send (a letter, a package)*
en tanto que *while*
vendería (vender) *would sell*
enriquecería (enriquecer) *to make rich,*
 to enrich
se dieron (darse) cuenta de *realized,*
 noticed
alcanzaron (alcanzar) *reached*
hogar *home*
perteneciera (pertenecer) *belonged to*
impulsar *to promote; to urge*
escasez (f) *shortage; scarcity*
se preocupara (preocuparse) *should*
 worry

horca *gallows*
fusilamiento *death by firing squad*
impuesto *fine, tax*
enfermedades *illness, diseases*
fallecer *to die, to pass away*
vecindario *neighborhood*
periodista *journalist, newspaperman*
tribu (f) *tribe*
fabricante *manufacturer*

acabaran (acabar) de + inf. *had just + p.p.*
almohada *pillow*
por supuesto *of course*
embarque *shipment*
de repente *suddenly*
la Bolsa (de Comercio) *the Stock Market*
vuelvo (volver) a hacer *do it again*

Preguntas sobre la lectura

1. ¿Quién era Mr. Taylor?
2. ¿Por qué se le conoce como «el gringo pobre»?
3. ¿Qué había leído Mr. Taylor en *Obras completas* de William G. Knight?
4. ¿Por qué lo trataban bien el Presidente y el Ministro?
5. ¿Qué vio Mr. Taylor a través de la maleza?
6. ¿Qué exclamó el nativo?
7. ¿Qué le ofrecía el nativo?
8. ¿Por qué se sintió disminuido este nativo?
9. ¿Cómo reaccionó Mr. Taylor ante su adquisición?
10. ¿A quién dispuso obsequiar su adquisición?
11. A poco de recibir la cabeza, ¿qué le pidió Mr. Rolston a Mr. Taylor?
12. ¿Qué concertaron Mr. Rolston y Mr. Taylor?
13. ¿Por cuánto tiempo logró Mr. Taylor obtener la concesión exclusiva?
14. ¿De qué convenció Mr. Taylor al Ejecutivo y a los legisladores?
15. ¿Qué promulgaron los miembros de la Cámara, entonces?
16. En el país de Mr. Taylor, ¿quiénes podían comprar las cabezas reducidas al principio?
17. Debido a la democracia, ¿quiénes pudieron comprar las cabezas después?
18. ¿Qué llegó a significar tener diez y siete cabezas? ¿Y tener once?
19. ¿Qué recibió el Instituto Danfeller? ¿Qué donó este Instituto a su vez?

20. Cuando menos lo esperaban, ¿qué ocurrió?
21. ¿Por qué se estableció la pena de muerte en forma rigurosa?
22. ¿Cómo es que las simples equivocaciones pasaron a ser hechos delictuosos?
23. ¿Qué se les concedió a los enfermos graves?
24. ¿En qué se convirtió el fallecer?
25. Debido a la escasez de cabezas, ¿qué remedio fomentó Mr. Taylor?
26. ¿Cómo estaba el fabricante de ataúdes?
27. ¿Cómo era la demanda en la patria de Mr. Taylor?
28. ¿Qué pedía Mr. Rolston, en su desesperación?
29. ¿Qué ocurrió, al fin, con los embarques de cabezas?
30. ¿Qué decidió hacer Mr. Rolston en aquel viernes áspero y gris?
31. ¿Por qué hizo Mr. Rolston esta decisión?

DISCUSIÓN

1. ¿Qué impresión causa el título de este cuento en el lector?
2. ¿Cree Ud. que el autor demuestra sarcasmo al decir que Mr. Taylor ha leído la obra de Knight? ¿De qué manera?
3. ¿Por qué es importante para el Presidente y el Ministro que Mr. Taylor tiene ojos azules?
4. Según el autor, el nativo se siente «disminuido» al no hablar inglés. ¿Encuentra Ud. cierto sarcasmo aquí?
5. ¿Qué cree Ud. de la concesión por noventa y nueve años que obtiene Mr. Taylor? ¿Qué pretende hacer el autor con este dato? ¿Hay algún tratado contemporáneo con otro país hispanoamericano que se asemeje a éste del cuento?
6. Explique Ud. qué simboliza el interés del público por las cabezas reducidas. Re-lea Ud., por ejemplo, el párrafo que comienza con «En el país de Mr. Taylor . . .» y el que sigue «Un hogar sin . . .». (pág. 147)
7. ¿A qué se referirá el «refresco bien frío» que se menciona en el párrafo que comienza «Los primeros días . . .».

8. Desde la perspectiva del autor y su cuento, ¿qué críticas se hacen de las relaciones entre Estados Unidos y los países hispanoamericanos? Desde su punto de vista y dentro de sus conocimientos, ¿está usted de acuerdo, aun parcialmente, con estas críticas?

SÍNTESIS

Vocabulario y práctica

1. Dé Ud. un sinónimo de las siguientes palabras o expresiones:

historia   necesitar   dar
mientras (que) selva   lograr
inclinación   remitir   de pronto
hogar

2. Dé Ud. un antónimo para cada una de las palabras o expresiones siguientes:

tener   recibir   regalar dinero
escasez   disminuir   empobrecerse
abundancia   vender   pobreza
calor

3. Haga Ud. una frase en la cual emplea cada una de las expresiones siguientes:

a. acabar de
b. volver a
c. llegar a ser
d. hacer falta
e. en tanto que
f. pedir disculpas

4. Haga Ud. una corta composición haciendo uso de los vocablos o expresiones que siguen:

remitir	cabezas	enriquecerse	pertenecer	tribu
indígenas	bigote	hacer negocio	maleza	selva
hacer falta	fallecer	comprometerse	escasez	horca

5. Escoja los vocablos o pares de la coluna a la derecha que tengan una asociación natural con las palabras de la columna izquierda:

contestar	cara
humilde	mano
ropa	morir
dedo	fin
ojos	camisa
rostro	responder
lecho	maestro
escuela	bigote
fallecer	cama
principio	pobre

DISCUSIÓN

1. Al describir a Mr. Taylor, el autor le da ciertos atributos como «cazador de cabezas», «hombre de vasta cultura», «experto en Henry Silliman», «político», etc., ¿qué tono nota Ud. en la descripción de este personaje? ¿Cuál es el término literario que define este medio de expresión?

2. ¿Son Mr. Taylor y Mr. Rolston hombres de gran integridad moral? ¿Que opinión parece tener el autor de los negocios al estilo norteamericano? ¿Cuál es su opinión al respecto?

3. ¿Qué ha sucedido en los últimos años con las grandes corporaciones multinacionales que tienen inversiones en el extranjero? ¿Que haría Ud. para corregir estos defectos?

4. ¿Diría Ud. que el comercio de las «cabezas reducidas» proporcionaba ganancias (*profits*) y beneficios para todos los participantes? ¿Qué ganaban los indígenas y el resto de los ciudadanos de ese país? ¿Ocurre esto en la realidad?

5. ¿Cómo se podría eliminar el problema de los intereses creados (*vested interests*) que producen las corporaciones y los negocios poderosos? ¿Le parece a Ud. que las corporaciones de este país tienen un gran control sobre la política doméstica e internacional? Explique su punto de vista con claridad.

6. ¿Qué haría Ud. si se le presentara la oportunidad de hacerse millonario por medio de un negocio parecido al de Mr. Taylor?

7. ¿Le gustaría a Ud. aventurarse en la selva amazónica o en un lugar exótico para cazar animales salvajes? ¿Aprueba Ud. este deporte como un pasatiempo noble? ¿Qué ha sucedido con ciertos animales como el tigre, la foca (*seal*), el leopardo? ¿Por qué se ha creado una gran demanda por ellos?

8. ¿Qué piensa Ud. de la burla implícita que el autor hace del famoso personaje «el americano feo»? ¿Es Mr. Taylor un representante típico de este estereotipo? ¿Ha leído Ud. el libro *The Ugly American* de William Lederer?

9. ¿Cree Ud. que el comercio de las cabezas reducidas suscitó (*caused*) un interés morboso por la muerte en el país amazónico? ¿En qué se convirtió el acto de fallecer?

10. Compare Ud. el tema de la muerte que aparece en *Mr. Taylor* y en *La muerte* (pág. 90) de Anderson Imbert, ¿cómo lo desarrollan ambos autores? ¿Qué actitud parecen adoptar ante el acto de fallecer?

11. ¿A qué se deberá el hecho de que el tema de la muerte aparece en la mayoría de estas lecturas? ¿Es sólo una coincidencia o es el reflejo de una preocupación más trascendental?

12. ¿Ha leído Ud. cómo los indígenas de la zona del Amazonas reducen las cabezas de sus enemigos? ¿Cómo se llama la substancia natural que emplean para este objeto? ¿Sabe Ud. que también se usa en la medicina?

13. ¿Qué sabe Ud. sobre las prácticas de la magia negra y el vudú (*voodoo*)? ¿Ha practicado Ud. alguno de estos actos? ¿Cómo se explica Ud. el interés que se ha producido últimamente por la magia en general?

14. Vuelva a leer este cuento por segunda vez y piense Ud. con qué objeto habrá escrito el autor esta historia sobre un bostoniano aventurero. ¿Le gustó? ¿Qué crítica le haría al autor?

MANUEL ROJAS (1896-1973) was born of Chilean parents in Buenos Aires. However, he lived, worked and published his literary works in Chile. His first story "Laguna" appeared in the Buenos Aires newspaper *La Montaña* in 1921. Between 1926 and 1959, Rojas published several collections of short stories including, that last year, *El vaso de leche y sus mejores cuentos,* the leading story of which follows. Rojas was also the author of several novels, among them *Hombres del Sur* (1926), *Lanchas en la bahía* (1932), and his masterpiece, *Hijo de ladrón* (1951).

Rojas' protagonists[G] are vividly portrayed and the author's psychological penetration of these characters lends an aura of authenticity to the tales woven around them. His narrative flows easily and spontaneously; his psychological analyses are concise and rewarding.

His creations are individuals who face the vicissitudes of life: solitude, nostalgia, helplessness, hunger, pessimism, and are able to maintain their heads above water through a combination of factors: tenderness, understanding and hope. When these factors are exhibited, each individual is at peace and, no matter what the trying circumstances, he achieves the essential prerequisite for living: human dignity.

El vaso de leche

Afirmado° en la barandilla de estribor,° el *marinero* parecía
esperar a alguien. Tenía en la mano izquierda un envolto-
rio° de papel blanco, manchado de grasa en varias partes.
Con la otra mano atendía° la pipa.

    Entre unos *vagones* apareció un joven *delgado; se de-
tuvo* un instante, miró hacia el mar y avanzó después, caminando por la orilla del *muelle* con las manos en los *bolsillos,* distraído o pensando.

    Cuando pasó frente al *barco,* el marinero le gritó en
inglés:

    —I say; look here! (Oiga, mire).

    El joven levantó la cabeza y, sin detenerse, contestó
en el mismo idioma:

    —Hallow! What? (¡Hola! ¿Qué?)

    —Are you hungry? (¿Tiene hambre?)

    Hubo un breve silencio, durante el cual el joven pare-
ció reflexionar y hasta dio un paso más corto que los demás, como para detenerse; pero al fin dijo, mientras diri-
gía° al marinero una sonrisa triste:

    —No, I am not hungry. Thank you, sailor. (No, no
tengo hambre. Muchas gracias, marinero).

    —Very well. (Muy bien).

    Sacóse la pipa de la boca el marinero, escupió° y co-
locándosela de nuevo° entre los labios, miró hacia otro
lado. El joven, avergonzado° de que su *aspecto* despertara
sentimientos de caridad, pareció apresurar el paso,° como
temiendo arrepentirse de su negativa.

    Un instante después, un magnífico vagabundo, vestido
inverosímilmente° de harapos,° grandes zapatos rotos,
larga barba rubia y ojos azules, pasó ante el marinero, y
éste° sin llamarlo previamente le gritó:

    —Are you hungry?

    No había terminado aún su pregunta, cuando el ato-
rrante,° mirando con ojos brillantes el paquete que el

Leaning / starboard railing

bundle, package

held

gave

spat

putting it back

embarrassed

to hurry

incredibly / rags

he [the sailor]

vagrant

MANUEL ROJAS   **159**

marinero tenía en las manos, contestó apresuradamente:°   **hurriedly**

—Yes, sir, I am very hungry! (Sí, señor tengo harta°   **very**
hambre).

Sonrió el marinero. El paquete voló en el aire y fue a
caer entre las manos ávidas del hambriento. Ni siquiera°   **Not even**
dio las gracias y abriendo el envoltorio calientito aún,° sen-   **still hot**
tóse en el suelo, restregándose° las manos alegremente al   **rubbing**
contemplar su contenido. Un atorrante de puerto puede°   **might**
no saber inglés, pero nunca *se perdonaría* no saber el sufi-
ciente como para pedir de° comer a uno que hable ese   **to ask for something**
idioma.

El joven que pasara momentos antes, parado a corta
distancia de allí, presenció° la escena.   **witnessed**

El tenía hambre. Hacía tres días justos° que no co-   **exactly**
mía, tres largos días. Y más por° *timidez* y *vergüenza* que   **out of**
por° *orgullo,* se resistía a pararse delante de las escalas de   **than out of**
los *vapores,* a las horas de comida, esperando de la gene-
rosidad de los marineros algún paquete que contuviera res-
tos de guisos° y trozos° de carne. No podía hacerlo, no po-   **scraps of cooked food / pieces**
dría hacerlo nunca. Y cuando, como en el caso reciente,
alguno le ofrecía sus sobras° las *rechazaba* heroicamente,   **leftovers**
sintiendo que la negativa aumentaba su hambre.

Seis días hacía que vagaba° por las callejuelas° y   **wandered about / side streets**
muelles de aquel puerto. Lo había dejado allí un vapor
inglés procedente de° Punta Arenas,° puerto en donde ha-   **coming from / the southernmost city in Chile**
bía desertado de un vapor en que servía como muchacho
de capitán. Estuvo un mes allí, ayudando en sus ocupa-
ciones a un austríaco° pescador de centollas,° y en el   **Austrian / spider crab fisherman**
primer barco que pasó hacia el norte *embarcóse* oculta-
mente.°   **as a stowaway**

Lo descubrieron al día siguiente de *zarpar* y enviá-
ronlo a trabajar en las calderas.° En el primer puerto   **boiler room**
grande que tocó° el vapor lo *desembarcaron,* y allí quedó,   **docked**
como un fardo° sin *dirección* ni destinatario,° sin conocer   **bundle / addressee**
a nadie, sin un *centavo* en los bolsillos y sin saber trabajar
en *oficio* alguno.

Mientras estuvo allí el vapor, pudo° comer, pero después . . . La ciudad enorme, que se alzaba° más allá de las callejuelas llenas de tabernas y *posadas* pobres, no le atraía; parecíale un lugar de esclavitud,° sin aire, oscura, sin esa grandeza amplia del mar, y entre cuyas altas *paredes* y calles rectas la gente vive y muere aturdida° por un tráfago° angustioso.

Estaba poseído por la obsesión del mar, que tuerce° las vidas más lisas° y definidas como un brazo poderoso una delgada varilla.° Aunque era muy joven había hecho varios *viajes* por las costas de América del Sur, en diversos° vapores, desempeñando distintos trabajos y faenas,° faenas y trabajos que en tierra casi no tenían aplicación.

Después que se fue el vapor, anduvo y anduvo esperando del azar° algo que le *permitiera* vivir de algún modo mientras tomaba sus canchas familiares;° pero no encontró nada. El puerto tenía poco movimiento y en los contados° vapores en que se trabajaba no le aceptaron.

Ambulaban° por allí° infinidad de vagabundos de profesión; marineros sin contrata, como él, desertados de un vapor o prófugos° de algún delito;° atorrantes abandonados al *ocio,* que se mantienen de no se sabe qué, mendigando° o *robando,* pasando los días como las cuentas° de un rosario *mugriento,* esperando quién sabe qué extraños *acontecimientos,* o no esperando nada, individuos de las razas y pueblos más exóticos y extraños, aun de aquellos en cuya existencia no se cree hasta no haber visto un ejemplar° vivo.

. . . .

Al día siguiente, convencido de que no podría resistir mucho más, decidió recurrir° a cualquier medio para procurarse alimentos.

Caminando, fue a dar° delante de un vapor que había llegado la noche anterior y que cargaba° *trigo.* Una hilera° de hombres marchaba, dando la vuelta,° al *hombro* los pesados sacos, desde los vagones, atravesando una plan-

	was able
	arose
	slavery
	bewildered
	bustle
	twists
	smooth
	stick, wand
	various
	tasks
	chance
	his own element
	few
	Walked / over there
	fugitives / crime, offense
	begging / beads
	sample
	resort
	ended up
	was loading / line
	in a circle

chada,° hasta la escotilla° de la *bodega,* donde los estribadores° recibían la carga.

Estuvo un rato mirando hasta que atrevióse° a hablar con el *capataz,* ofreciéndose. Fue aceptado y animosamente° formó parte de la larga fila de cargadores.

Durante el primer tiempo de la jornada trabajó bien; pero después empezó a sentirse fatigado y le vinieron vahidos,° vacilando en la planchada cuando marchaba con la carga al hombro, viendo a sus pies la abertura° formada por el costado° del vapor y el murallón° del muelle, en el fondo de la cual, el mar, manchado de° *aceite* y cubierto de desperdicios,° glogloteaba° sordamente.

A la hora de almorzar° hubo un breve descanso y en tanto que° algunos fueron a comer en los figones° cercanos y otros comían lo que habían llevado, él *se tendió* en el suelo a *descansar,* disimulando° su hambre.

Terminó la *jornada* completamente agotado,° cubierto de sudor,° reducido ya a lo último. Mientras los trabajadores se retiraban, se sentó en unas bolsas acechando° al capataz, y cuando se hubo marchado el último acercóse a él y confuso y titubeante,° aunque sin contarle lo que le sucedía, le preguntó si podían pagarle inmediatamente o si era posible conseguir un adelanto° a cuenta de lo ganado.°

Contestóle el capataz que la costumbre era pagar *al final del* trabajo y que todavía sería necesario trabajar el día siguiente para concluir de cargar el vapor. ¡Un día más! Por otro lado,° no adelantaban un centavo.

—Pero —le dijo —si usted necesita, yo podría *prestarle* unos cuarenta centavos . . . No tengo más.

Le agradeció el ofrecimiento con una sonrisa angustiosa y se fue.

Le acometió° entonces una desesperación aguda. ¡Tenía hambre, hambre, hambre! Un hambre que lo doblegaba como un latigazo;° veía todo *a través de* una *niebla* azul y al andar vacilaba como un borracho.° Sin embargo,

gangplank / hatchway
stevedores
dared to

bravely

dizzy spells
gap
side / thick wall
stained with
rubbish / gurgled
At lunch time
while / cheap
  restaurants
disguising
exhausted
sweating
watching for

hesitatingly

an advance on what he'd
  earned

Besides

He was overcome by

whiplash
drunk

no habría podido quejarse° ni gritar, pues su sufrimiento
era oscuro y fatigante; no era dolor, sino angustia sorda,
acabamiento;° le parecía que estaba aplastado° por un
gran *peso.*

Sintió de pronto como una *quemadura* en las entrañas,° y se detuvo. Se fue inclinando, inclinando, doblán-
dose forzadamente como una barra de hierro,° y creyó que
iba a caer. En ese instante, como si una ventana se hubiera
abierto ante él, vio su casa, el paisaje° que se veía desde
ella, el rostro de su madre y el de sus hermanos, todo lo
que él quería y amaba apareció y desapareció ante sus
ojos cerrados por la fatiga . . . Después, *poco a poco,* cesó
el desvanecimiento° y se fue enderezando,° mientras la
quemadura *se enfriaba* despacio. Por fin se irguió,° respi-
rando profundamente. Una hora más y caería al suelo.

Apuró el paso,° como huyendo de un nuevo mareo,°
y mientras marchaba resolvió ir a comer a cualquier parte,
sin pagar, dispuesto a que lo avergonzaran,° a que le pe-
garan, a que lo mandaran preso,° a todo; lo importante era
comer, comer, comer, hasta que el vocablo perdió su sentido,° dejándole una impresión de vacío° caliente en la
cabeza.

No pensaba huir; le diría al dueño: «Señor, tenía
hambre, hambre, hambre, y no tengo con qué pagar . . .
Haga lo que quiera».

Llegó hasta las primeras calles de la ciudad y en una
de ellas encontró una *lechería.* Era un negocito muy claro
y limpio, lleno de mesitas con cubiertas de *mármol.* Detrás
de un *mostrador* estaba de pie una señora rubia con un
delantal blanquísimo.

Eligió ese negocio. La calle era poco transitada.° Habría podido comer en uno de los figones° que estaban
junto al muelle, pero se encontraban llenos de gente que
jugaba y bebía.

En la lechería no había sino un cliente. Era un *vejete*°
de anteojos, que con la nariz metida entre las hojas de un

complain

exhaustion / crushed

insides, bowels
iron bar

landscape

dizziness / getting up
he rose

He hurried / spell

ready to be embarrassed
to be imprisoned

meaning / emptiness

with little traffic
cheap restaurants

old man

periódico, leyendo, permanecía° inmóvil, como pegado a° la silla. Sobre la mesita había un vaso de leche a medio° consumir.

Esperó que *se retirara,* paseando por la *acera,* sintiendo que poco a poco se la encendía° en el estómago la quemadura de antes, y esperó cinco, diez, hasta quince minutos. Se cansó y paróse a un lado de la puerta, desde donde lanzaba al viejo unas miradas que parecían pedradas.°

¡Qué diablos° leería con tanta atención! Llegó a imaginarse que era un enemigo suyo, el cual, sabiendo sus intenciones, se hubiera propuesto entorpecerlas.° Le daban ganas de° entrar y decirle algo fuerte que le obligara a marcharse, una *grosería* o una frase que le indicara que no *tenía derecho a* permanecer una hora sentado, y leyendo, por un gasto° tan reducido.

Por fin el cliente terminó su lectura, o por lo menos, la interrumpió. Se bebió de un *sorbo* el resto de leche que contenía el vaso, se levantó pausadamente,° pagó y dirigióse a la puerta. Salió; era un vejete encorvado, con trazas° de carpintero o barnizador.°

Apenas estuvo en la calle, afirmóse° los anteojos, metió de nuevo la nariz entre las hojas del periódico y se fue, caminando despacito y deteniéndose cada diez pasos para leer con más detenimiento.°

Esperó que se alejara y entró. Un momento estuvo parado a la entrada, indeciso, no sabiendo dónde sentarse; por fin eligió una mesa y dirigióse hacia ella; pero a mitad de camino° se arrepintió, retrocedió y tropezó en una silla, instalándose después en un rincón.

Acudió° la señora, pasó un *trapo* por la cubierta° de la mesa y con voz suave, en la que se notaba un dejo° de acento español,° le preguntó:

—¿Qué se va usted a servir?°

Sin mirarla, le contestó.

—Un vaso de leche.

remained / stuck to
half

was starting to burn

stones cast at him
What the devil . . . !

obstruct them
He felt like

expenditure, expense

slowly

appearance / varnisher
secured

care

halfway

came / top
trace
from Spain
What will you have?

—¿Grande?

—Sí, grande.

—¿Solo?

—¿Hay *bizcochos?*

—No; *vainillas.*

—Bueno, vainillas.

Cuando la señora *se dio vuelta,* él se restregó las manos sobre las rodillas, regocijado,° como quien tiene frío y va a beber algo caliente.   **delighted**

Volvió la señora y colocó ante él un gran vaso de leche y un *platillo* lleno de vainillas, dirigiéndose después a su puesto° detrás del mostrador.   **place**

Su primer impulso fue el de beberse la leche de un *trago* y comerse después las vainillas pero en seguida se arrepintió; sentía que los ojos de la mujer lo miraban con curiosidad. No se atrevía a mirarla; le parecía que, al hacerlo, conocería su estado de ánimo° y sus propósitos° vergonzosos y él tendría que levantarse e irse, sin *probar* lo que había pedido.   **state of mind / intentions**

Pausadamente tomó una vainilla, *humedecióla* en la leche y le dio un bocado;° bebió un sorbo de leche y sintió que la quemadura, ya encendida en su estómago, se apagaba y deshacía.° Pero, en seguida, la realidad de su situación desesperada surgió ante él y algo apretado° y caliente subió desde su corazón hasta la *garganta;* se dio cuenta de que iba a sollozar,° a sollozar a gritos,° y aunque sabía que la señora lo estaba mirando no pudo rechazar ni deshacer aquel *nudo ardiente* que se estrechaba° más y más. Resistió, y mientras resistía comió apresuradamente,° como asustado, temiendo que el *llanto* le impidiera comer. Cuando terminó con la leche y las vainillas, se le nublaron° los ojos y algo *tibio* rodó° por su nariz, cayendo dentro del vaso. Un terrible sollozo lo sacudió° hasta los zapatos.   **took a bite**   **was dying out and vanishing**   **tight**   **to sob / loudly**   **tightened**   **quickly**   **became clouded**   **run down**   **shook**

Afirmó° la cabeza en las manos y durante mucho rato lloró, lloró con pena, con *rabia,* con ganas de llorar,° como si nunca hubiese llorado.   **placed**   **really wanting to cry**

. . .

Inclinado estaba y llorando, cuando sintió que una mano le acariciaba la cansada cabeza y una voz de mujer, con un dulce acento español, le decía:

—Llore, hijo, llore . . .

Una nueva ola de llanto le arrasó° los ojos y lloró con tanta fuerza como la primera vez, pero ahora no angustiosamente, sino con alegría sintiendo que una gran frescura lo penetraba, apagando eso caliente que le había estrangulado la garganta. Mientras lloraba, parecióle que su vida y sus sentimientos se limpiaban como un vaso bajo un chorro° de agua, recobrando la claridad y firmeza de otros días.

Cuando pasó el acceso de° llanto, se limpió con su *pañuelo* los ojos y la cara, ya tranquilo. Levantó la cabeza y miró a la señora, pero ésta no le miraba ya, miraba hacia la calle, a un punto *lejano,* y su rostro estaba triste.

En la mesita, ante él había un nuevo vaso de leche y otro platillo colmado de vainillas; comió lentamente, sin pensar en nada, como si nada le hubiera pasado, como si estuviera en su casa y su madre fuera esa mujer que estaba detrás del mostrador.

Cuando terminó ya había oscurecido y el negocio se iluminaba con una *bombilla* eléctrica. Estuvo un rato sentado, pensando en lo que le diría a la señora al despedirse, sin ocurrírsele nada oportuno.

Al fin se levantó y dijo simplemente:

—Muchas gracias, señora; adiós . . .

—Adiós hijo . . . —le contestó ella.

Salió. El viento que venía del mar refrescó su *cara,* caliente aún por el llanto. Caminó un rato sin dirección, tomando° después por una calle que bajaba hacia los muelles. La noche era hermosísima y grandes estrellas aparecían en el cielo de verano.

Pensó en la señora rubia que tan generosamente se había conducido, e hizo propósitos° de pagarle y recompensarla de una manera digna° cuando tuviera dinero;

filled

stream

outburst

continuing

he planned to
worthy

pero estos pensamientos de gratitud se desvanecían° junto   *were vanishing*
con el ardor de su rostro, hasta que no quedó ninguno, y
el hecho° reciente retrocedió y se perdió en los recodos° de   *event / memories*
su vida pasada.

De pronto se sorprendió cantando algo en voz baja.
Se irguió alegremente, pisando° con firmeza y decisión.   *stepping*

Llegó a la orilla del mar y anduvo de un lado para
otro, elásticamente, sintiéndose rehacer,° como si sus fuer-   *recover*
zas interiores, antes dispersas,° se reunieran y amalgama-   *scattered*
ran° sólidamente.   *blended*

Después la fatiga del trabajo empezó a subirle por las
piernas en un lento hormigueo° y se sentó sobre un mon-   *crawling sensation*
tón° de bolsas.   *pile*

Miró el mar. Las luces del muelle y las de los barcos
se extendían por el agua en un reguero° rojizo y dorado,   *streak, furrow*
temblando suavemente. Se tendió° de espaldas, mirando   *He lay down*
el cielo largo rato. No tenía ganas de pensar, ni de cantar,
ni de hablar. Se sentía vivir, nada más.

Hasta que se quedó dormido° con el rostro vuelto° ha-   *he fell asleep / turned*
cia el mar.

Vocabulario activo

marinero *sailor*
vagón (m) *railroad car*
delgado *thin*
se detuvo (detenerse) *stopped, paused*
muelle (m) *dock*
bolsillo *pocket*
barco *ship, vessel, boat*
aspecto *appearance; looks*
se perdonaría (perdonarse) *would forgive (himself)*
timidez (f) *shyness, timidity*
vergüenza *shame, embarrassment*

orgullo *pride*
vapor *steamship*
rechazaba (rechazar) *refused, rejected*
embarcóse (embarcarse) *boarded*
zarpar *to weigh anchor, to sail*
desembarcaron (desembarcar) *disembarked*
dirección *address; direction, course*
centavo *cent*
oficio *occupation; trade, job*
posada *inn*
permitiera (permitir) *would allow him*

pared (f) *wall*
viajes *trips*
ocio *idleness*
robando (robar) *stealing*
mugriento *filthy, dirty*
acontecimientos *events, happenings*
trigo *wheat*
hombro *shoulder*
bodega *hold (nautical); warehouse, storeroom*
capataz (m) *foreman*
aceite (m) *oil*
se tendió (tenderse) *lay down*
descansar *to rest*
jornada *working day*
agotado *exhausted*
sudar *to perspire, to sweat*
adelanto *advance*
al final de *at the end of*
prestarle (prestar) *lend you, loan you*
a través de *through*
niebla (n) *mist, fog*
peso *weight*
quemadura *burn, burning*
poco a poco *little by little*
se enfriaba (enfriarse) *was cooling down, was getting cold*
lechería *dairy, milk bar*
mármol (m) *marble*
mostrador (m) *counter*
delantal (m) *apron*

eligió (elegir) *chose, elected*
de anteojos *wearing glasses*
periódico *newspaper*
se retirara (retirarse) *would leave*
acera *sidewalk*
grosería *profanity, dirty word*
tenía (tener) derecho a + inf. *had a right to + inf.*

sorbo *sip*
trapo *rag*
bizcocho *biscuit, cake*
vainilla *vanilla wafer*
se dio (darse) vuelta *turned around*
platillo *saucer*
trago *drink; swallow*
probar *to taste; to try*
humedecióla (humedecer) *dampened*
apagarse *to go out, to die down; to put out*
garganta *throat*
nudo *knot*
ardiente (adj.) *burning*
llanto *weeping, crying; tears*
tibio *lukewarm*
rabia *anger*
pañuelo *handkerchief*
lejano *distant, far away*
bombilla *light bulb*
cara *face*
hecho *event, deed*
montón *pile*

Preguntas sobre la lectura

1. ¿Qué tenía en la mano el marinero?
2. ¿Qué le preguntó el marinero al joven que pasaba cerca del vapor?
3. ¿Por qué se negó el joven a aceptar lo ofrecido por el marinero?

4. En cambio, ¿quién sí aceptó el paquete?
5. Cuando el joven presenció la escena, ¿en qué pensó?
6. ¿De dónde procedía el joven y cómo había viajado?
7. ¿Comió mientras estaba en el vapor?
8. ¿Conocía el joven las costas de América del Sur?
9. ¿Cómo se mantenía la mayoría de los marineros vagabundos del puerto?
10. Debido al hambre que sentía, ¿qué decidió hacer el joven para poder comer?
11. Como tenía tanta hambre, ¿qué le empezó a ocurrir?
12. ¿Qué efecto tenía el hambre sobre el joven?
13. Al fin y debido al hambre que sentía, ¿qué resolvió hacer?
14. ¿Qué le diría al dueño cuando llegara el momento de pagar?
15. Cuando llegó a la lechería, ¿quiénes había en el negocio? ¿Qué hacía el vejete?
16. ¿Qué pidió el joven a la señora?
17. Cuando bebió un sorbo de leche, ¿qué sintió?
18. Al fin, la gran emoción que sentía el joven causó algo inesperado. ¿Qué fue?
19. ¿Cuál fue la reacción de la señora?
20. ¿Con qué se encontró el joven cuando cesó de llorar?
21. Cuando llegó el momento de irse, ¿qué le dijo él a la señora? ¿y qué le contestó ella?
22. ¿Cómo se sentía el joven ahora?

DISCUSIÓN

1. ¿Cuál es la actitud del autor hacia el joven marinero que sufre del hambre?
2. ¿Qué cree Ud. que siente el marinero del vapor que les ofrece desperdicios a los marineros que pasan por el muelle?
3. ¿Cómo prepara Rojas al lector para el clímax tan dramático en la lechería?
4. Es evidente en este cuento que el autor presenta casos patéticos de jóvenes marineros que sufren ante los rigores de su profesión. ¿Cree Ud. que el propósito de Rojas es el de criticar

las condiciones socioeconómicas que producen estos problemas? Explique su razonamiento.

5. ¿Cómo logra el autor, a base de un simple vaso de leche, crear una narrativa de máximo efecto dramático?

SÍNTESIS

Vocabulario y práctica

1. Dé Ud. sinónimos de las palabras siguientes:

barco	cara	muy cansado
alejarse	niebla	sucio
flaco	apariencia	muro
distante	con trazas de	

2. Aquí encuentra Ud. una lista de vocablos y expresiones del vocabulario activo. Escoja Ud. las palabras que pueden asociarse con cada uno de los títulos siguientes:

el puerto   debilidades y emociones humanas   alimentos

embarcarse	estar agotado	garganta	orgullo
platillo	vainilla	barco	desembarcar
leche	hambre	trago	zarpar
trigo	delgado	vergüenza	sorbo
cenar	bizcocho	muelle	lechería
quemadura	rabia	marinero	timidez

3. Escoja Ud. las palabras de la primera columna que puedan asociarse claramente con las palabras de la segunda:

trago	hotel
posada	leche
leer	bombilla
centavo	zarpar
niebla	marinero
pañuelo	sudar

oficio   muelle
grosería   tren
vapor   periódico
luz   casa
dirección   dinero
barco
vagón

4. Haga Ud. una frase empleando las palabras o expresiones que siguen:

    a. señora   con trazas de   servir   leche   vainillas   marinero

    b. vejete   de   anteojos   leer   periódico   cerca   de   mostrador

    c. marinero   sentir   quemadura   estómago   hambre

5. En unas 75-100 palabras, re-cuente Ud. el episodio del marinero en la lechería. Como ayuda, emplee varias de estas palabras que siguen:

bombilla	nudo	garganta
humedecer	trago	platillo
darse vuelta	vainilla	bizcocho
trapo	acera	periódico
delantal	lechería	leche
apagarse	sorbo	poco a poco
orgullo	timidez	hambre
aspecto		

DISCUSIÓN GENERAL

1. ¿Cómo actuaría Ud. si se encontrara en una situación difícil como la del joven marinero?

2. ¿Por qué es que el marinero no aceptaba la idea de pedir ayuda y de recibir caridad para sobrevivir?

3. ¿En qué clase de hombre se convertirá el joven marinero en diez años más? Llegará a ser como el marinero del vapor que le daba desperdicios a los vagabundos del puerto? ¿Qué cree Ud.?

4. ¿Considera Ud. que la historia de este marinero es de carácter autobiográfico? ¿Por qué? ¿Habría logrado el autor describir el estado angustioso del hambre en forma tan vívida si no lo hubiera experimentado él mismo?

5. ¿Recuerda Ud. el haber experimentado en alguna oportunidad la sed y el hambre en una forma desesperante? ¿Cómo reaccionó?

6. ¿Cuáles son las necesidades básicas o biológicas de los seres vivientes, incluyendo los humanos, que se deben satisfacer? ¿Está Ud. de acuerdo?

GREGORIO LOPEZ Y FUENTES

17

GREGORIO LÓPEZ Y FUENTES (1897-1966) is recognized as one of the foremost novelists of the Mexican Revolution (1910-1920). In his novel *El indio* (1935), López y Fuentes was able to capture the agony of the Indian who saw himself overwhelmed by social institutions, exploited by the wealthy ruling classes but rejected as a person and individual. The Indian is not idealized and his virtues are not exaggerated. The novel succeeds in tracing the history of the race from its conquest by Spain in the sixteenth century until the present. López y Fuentes also published several other novels, the most prominent of which is *Tierra* (1932), a biographical account of one of the Revolution's most genuine heroes, Emiliano Zapata.

In 1940, he published *Cuentos campesinos de México*, a collection of thirty-two folk tales of rural life in Mexico of which the following story is a part. While they are essentially stories of rural *campesinos*, López y Fuentes has given them a literary form through which he exemplifies the inherent sincerity, honesty and down-to-earth faith of the long-suffering peasant of the Mexican countryside.

Una carta a Dios

La casa—única en todo el valle—estaba en lo alto° de un
cerro bajo. Desde allí se veían el río y, junto al corral, el
campo de maíz maduro con las flores del *frijol* que siempre
prometían una buena *cosecha*.

at the top

Lo único que necesitaba la tierra era una lluvia, o a lo
menos° un fuerte aguacero.° Durante la mañana, Lencho
—que conocía muy bien el campo—no había hecho más
que examinar el cielo hacia el noreste.

at least / shower

—Ahora sí que° viene el agua, vieja.

Now for sure

Y la vieja que preparaba la comida, le respondió:

—Dios lo quiera.°

God willing

Los muchachos más grandes trabajaban en el campo,
mientras que los más pequeños jugaban cerca de la casa,
hasta que la mujer les gritó a todos:

—Vengan a comer . . . .

Fue durante la comida cuando, como lo había dicho
Lencho, comenzaron a caer grandes *gotas* de lluvia. Por el
noreste se veían avanzar grandes montañas de nubes. El
aire estaba fresco y dulce.

El hombre salió a buscar algo en el corral solamente
para *darse el gusto* de sentir la lluvia en el cuerpo, y al entrar exclamó:

—Estas no son gotas de agua que caen del cielo; son
monedas nuevas; las gotas grandes son monedas de diez
centavos y las gotas chicas son de cinco . . . .

Y miraba con ojos satisfechos el campo de maíz maduro con las flores del frijol, todo cubierto por la transpa-
rente *cortina* de la lluvia. Pero, de pronto, comenzó a *soplar*
un fuerte viento y con las gotas de agua comenzaron a
caer *granizos* muy grandes. Esos sí que parecían *monedas*
de plata nueva. Los muchachos, exponiéndose a la lluvia,
corrían a recoger las perlas heladas.°

frozen

—Esto sí que está muy malo—exclamaba mortificado
el hombre—*ojalá que* pase pronto . . . .

No pasó pronto. Durante una hora cayó el granizo sobre la casa, la huerta, el monte, el maíz y todo el valle. El campo estaba blanco, como cubierto de sal.° Los árboles, sin una hoja. El maíz, destruido. El frijol, sin una flor. Lencho, con el alma llena de *tristeza.* Pasada la tempestad, en medio del campo, dijo a sus hijos:

—Una nube de langostas° habría dejado más que esto . . . El granizo no ha dejado nada: no tendremos ni maíz ni frijoles este año . . .

La noche fue de lamentaciones:

—¡Todo nuestro trabajo, perdido!

—¡Y nadie que pueda ayudarnos!

—Este año pasaremos hambre . . .°

Pero en el corazón de todos los que vivían en aquella casa solitaria en medio del valle, había una esperanza: la ayuda de Dios.

—No te aflijas° tanto, aunque el mal es muy grande. ¡Recuerda que nadie *se muere de hambre!*

—Eso dicen: nadie se muere de hambre . . .

Y durante la noche, Lencho pensó mucho en su sola esperanza: la ayuda de Dios, cuyos ojos, según le habían explicado, lo miran todo, hasta lo que está en el fondo° de las conciencias.

Lencho era un hombre rudo,° trabajando como una bestia en los campos, pero sin embargo° sabía escribir. El domingo siguiente, con la luz del día, después de haberse fortificado en su idea de que hay alguien quien nos protege, empezó a escribir una *carta* que él mismo llevaría al pueblo para *echarla al correo.*

No era nada menos que° una carta a Dios.

«Dios—escribió—si no me ayudas pasaré hambre con toda mi familia durante este año. Necesito cien pesos para volver a *sembrar* y vivir mientras viene la nueva cosecha, porque el granizo . . .»

Escribió «A Dios» en el *sobre,* metió la carta y, todavía preocupado, fue al pueblo. En la *oficina de correos,* le puso un *sello* a la carta y echó ésta en el *buzón.*

with salt

locusts

we will be hungry

worry

deep inside

simple, coarse
however

It was no less than

Un empleado, que era *cartero* y también ayudaba a la oficina de correos, llegó riéndose mucho ante su *jefe,* y le mostró la carta dirigida a° Dios. Nunca en su existencia de cartero había conocido esa casa.° El jefe de la oficina— *gordo* y amable—también empezó a reír, pero muy pronto *se puso serio,* y mientras daba golpecitos° en la mesa con la carta, comentaba:

—¡La fe! ¡Ojalá que yo tuviera la fe del hombre que escribió esta carta! ¡*Creer* como él cree! ¡Esperar con la *confianza* con que él sabe esperar! ¡Empezar correspondencia con Dios!

Y, para no desilusionar aquel tesoro de fe, descubierto por una carta que no podía ser *entregada,* el jefe de la oficina tuvo una idea: contestar la carta. Pero cuando la abrió, era evidente que para contestarla necesitaba algo más que buena voluntad,° *tinta* y papel. Pero siguió con su determinación: pidió dinero a su *empleado,* él mismo dio parte de su *sueldo,* y varios amigos suyos tuvieron que darle algo «para una *obra* de caridad».

Fue imposible para él reunir los cien pesos pedidos por Lencho, y sólo pudo enviar al *campesino* un poco más de la mitad. Puso los *billetes* en un sobre dirigido a Lencho y con ellos una carta que tenía sólo una palabra, como *firma:* DIOS.

Al siguiente domingo, Lencho llegó a preguntar, más temprano que de costumbre,° si había alguna carta para él. Fue el mismo cartero quien le entregó la carta, mientras que el jefe, con la *alegría* de un hombre que ha hecho una buena acción,° miraba por la puerta desde su oficina.

Lencho no mostró la menor sorpresa al ver los billetes —tanta era su seguridad—pero *se enfadó* al contar el dinero. . . . ¡Dios no podía *haberse equivocado,* ni negar lo que Lencho le había pedido!

Inmediatamente, Lencho se acercó a la ventanilla para pedir papel y tinta. En la mesa para el público, empezó a escribir, *arrugando* mucho la frente a causa del trabajo que le daba° expresar sus ideas. Al terminar, fue a pedir un

addressed to

residence, house

tapped

will

than usual

deed

because it was so difficult

sello, que *mojó* con la *lengua* y luego aseguró con un
puñetazo.° blow of the fist

Tan pronto como° la carta cayó al buzón, el jefe de As soon as
correos fue a abrirla. Decía:

«Dios: del dinero que te pedí, sólo llegaron a mis
manos sesenta pesos. Mándame el resto, como° lo necesito since
mucho; pero no me lo mandes por la oficina de correos,
porque los empleados son muy ladrones.»°—Lencho. are big thieves

Vocabulario activo

campo *country, country side; field*
frijol (m) *bean*
cosecha *harvest*
gota *drop (of a liquid)*
darse el gusto *to have the pleasure, to
 enjoy the opportunity*
moneda *coin*
cortina *curtain*
soplar *to blow*
granizo *hail*
ojalá + subj. *I hope, I wish*
tristeza *sadness*
se muere (morirse) de hambre *to starve
 (figuratively)*
carta *letter*
echar al correo *to mail*
sembrar *to sow, to seed*
sobre (m) *envelope*
oficina de correos *post office*
sello *stamp*
buzón (m) *mailbox*
cartero *mailman*

jefe (m) *boss*
gordo *fat, plump*
se puso (ponerse) serio *became serious*
creer *to believe in, to have faith*
confianza *trust, belief*
entregada (entregar) *turned over,
 delivered*
tinta *ink*
empleado *employed*
sueldo *salary*
obra *work, deed*
campesino *peasant, field worker*
billete (m) *bill (currency)*
firma *signature*
alegría *joy, happiness*
se enfadó (enfadarse) *became angry*
haberse equivocado (equivocarse)
 made a mistake
arrugando (arrugar) *wrinkling*
mojó (mojar) *wet, moistened*
lengua *tongue*

Preguntas sobre la lectura

1. Aunque la casa estaba muy bien situada, ¿qué es lo que más necesitaba?
2. Al fin, ¿cuándo comenzó a llover?
3. De pronto, la lluvia benéfica se convirtió en algo siniestro. ¿Qué ocurrió?
4. ¿Cuál fue el resultado de la tormenta?
5. Para Lencho, quedaba una esperanza. ¿Cuál era?
6. ¿Qué se propuso hacer Lencho?
7. ¿Cuánto dinero necesitaba el campesino?
8. ¿A quién iba dirigida la carta?
9. Cuando los empleados del correo vieron el sobre, ¿qué hicieron?
10. ¿Qué decidió hacer el jefe de la oficina?
11. ¿Cuál fue la dificultad del jefe en sus propósitos?
12. Cuando Lencho abrió la carta de «Dios», se enfadó. ¿Por qué?
13. ¿Qué hizo Lencho tras leer la contestación a su primera carta?
14. Según la segunda carta del campesino, ¿por qué faltaban cuarenta pesos?

DISCUSIÓN

1. El jefe de la oficina decide contestar la primera carta de Lencho. ¿Por qué cree Ud. que lo hace?
2. ¿Qué lo convence a Ud. de que Lencho sinceramente esperaba ponerse en comunicación con Dios?
3. ¿Es cómico o triste el final? ¿Por qué?
4. ¿Encuentra Ud. que la vida en el campo es más dura que la vida en la ciudad? ¿Por qué? ¿Preferiría Ud. vivir en el campo, en la playa o en la ciudad?
5. ¿De qué imágenes se vale el autor para describir los efectos del granizo? Describa Ud. con imágenes similares los efectos de una tormenta de nieve en las autopistas (*highways*).
6. ¿Se justifica la desconfianza de Lencho en el servicio de correos de su pueblo? ¿A qué se refiere el autor en particular? ¿Reaccionaría Ud. de una manera similar?

SÍNTESIS

Vocabulario y práctica

1. Dé Ud. antónimos de las palabras o expresiones siguientes:

tener razón	secar	empleado
recibir una carta	ciudad	delgado
recibir	pena	nacer
tristeza		

2. Repase las dos columnas de palabras y expresiones que siguen. Escoja las palabras de la primera columna que se pueden asociar claramente con las palabras de la segunda:

no comer	billete
entregar	nombre
mojar	empapar
firma	Dios
gota	no sonreír
arrugar	frijol
ponerse serio	equivocarse
creer	morirse
alimento	cortina
ventana	lluvia
error	lengua
moneda	la frente
	carta

3. Haga Ud. frases completas empleando los vocablos siguientes en el orden presentado:

    a. jefe/entregar/sueldo/empleado
    b. campesino/mojar/sello/lengua
    c. Lencho/colocar/sello/rincón derecho superior/sobre

4. Estudie el vocabulario activo de este cuento. Ahora, escoja Ud. todos aquellos vocablos que tengan que ver [*have to do*] con la correspondencia (hay por lo menos diez). Con estos vocablos que Ud. ha seleccionado, explique cómo se escribe una carta y escríbala.

DISCUSIÓN GENERAL

1. Compare Ud. la ingenuidad del campesino con el sentido práctico del personal de correos. ¿Por qué es irónico el resultado de ambas acciones?

2. ¿Por qué se puede a veces interpretar mal una buena acción? Según su parecer, ¿cuál es la opinión del autor al respecto?

3. ¿Qué haría Ud. si tuviera una experiencia parecida a la de los empleados de correos? ¿Desistiría en ayudar al prójimo (*fellow creatures*) o adoptaría una actitud filosófica?

4. ¿Qué papel desempeña la fe en Dios en la vida de estos campesinos? ¿Creerán ellos en milagros como el de la distribución de los panes en la Biblia?

5. ¿En qué confiarán más los campesinos de su país, en la ayuda del gobierno o en la de Dios? ¿Serán todos los campesinos modernos como Lencho? ¿Qué cree Ud.?

6. ¿Nota Ud. una crítica social en este cuento? ¿De qué elemento se sirve al autor para hacer su crítica? ¿Tiene éxito?

7. Ante la perspectiva de tener que pasar hambre por un año, Lencho toma una resolución inesperada. Compare la actitud de Lencho ante esta adversidad con la actitud del joven marinero de *El vaso de leche* (pág. 159). ¿Tienen estos dos personajes algo en común? ¿En qué se diferencian sus personalidades? ¿Por qué?

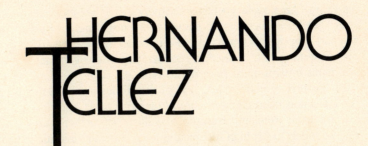

HERNANDO TÉLLEZ (1908-) is an outstanding essayist and also an excellent short story writer from Colombia. In his essay "La novela en Hispanoamérica", Téllez emphasizes that the writer should move away from merely describing his physical environment and concentrate, instead, on presenting the individual confronting the dilemmas which his environment presents to him.

"Espuma y nada más", one of the stories included in the collection titled *Cenizas para el viento y otras historias* (1950), is an excellent example of Téllez's storyteller's art due as much to his high technical quality as to the faithfulness with which it exemplifies his artistic credo. The conflict presented here is one which masterfully pits a barber and a military tyrant; the first conducting a mental struggle between his professional pride and his political ideals; the second, testing both his own courage and the barber's possible political tendencies. The result is a highly suspenseful tale which brings the reader a new understanding of the forces that motivate the two very different protagonists.

Espuma y nada más

No *saludó* al entrar. Yo estaba repasando sobre una ba-
dana° la mejor de mis *navajas.* Y cuando lo reconocí me
puse a temblar. Pero él no se dio cuenta. Para disimular
continué repasando la hoja.° La probé luego sobre la yema°
del dedo gordo° y volví a mirarla contra la luz. En ese instante *se quitaba* el *cinturón* ribeteado de° *balas* de donde
pendía° la funda° de la pistola. Lo *colgó* de uno de los
clavos° del ropero° y encima colocó el kepis.° Volvió completamente el cuerpo para hablarme y, deshaciendo el
nudo de la *corbata,* me dijo: «Hace un calor de todos los
demonios.° *Aféiteme.»* Y se sentó en la silla. Le calculé
cuatro días de barba. Los cuatro días de la última excursión en busca de los nuestros.° El rostro aparecía que-
mado, curtido° por el sol. Me puse a preparar minucio-
samente° el *jabón.* Corté unas rebanadas° de la pasta, de-
jándolas caer en el recipiente, mezclé un poco de agua
tibia y con la *brocha* empecé a *revolver.* Pronto subió la
espuma. «Los muchachos de la tropa deben tener tanta
barba como yo.» Seguí batiendo la espuma. «Pero nos fue
bien,° ¿sabe? Pescamos° a los principales. Unos vienen
muertos y otros todavía viven. Pero pronto estarán todos
muertos.» «¿Cuántos cogieron?» pregunté. «Catorce. Tuvi-
mos que internarnos° bastante para dar con ellos.° Pero ya
la están pagando. Y no se salvará ni uno, ni uno.» Se echó
para atrás° en la silla al verme con la brocha en la mano,
rebosante de° espuma. Faltaba ponerle la *sábana.* Ciertamente yo estaba aturdido. Extraje del cajón° una sábana y
la anudé° al *cuello* de mi cliente. El no cesaba de hablar.
Suponía que yo era uno de los partidarios° del orden. «El
pueblo habrá escarmentado° con lo del otro día», dijo.
«Sí», repuse° mientras concluía de hacer el nudo sobre la
oscura nuca,° olorosa a sudor. «¿Estuvo bueno, verdad?»
«Muy bueno», contesté mientras regresaba a la brocha. El
hombre cerró los ojos con un gesto de fatiga y esperó así

sharpening on a leather strap	
blade / tip	
thumb	
trimmed	
hung / holster	
nails / clothesrack / military cap	
as hell	
those of our band	
tanned	
carefully / slices	
it went well for us / we caught	
to penetrate / to find them	
He leaned back	
dripping with	
drawer	
tied	
supporters	
learned a lesson	
answered	
nape of the neck	

la fresca caricia del jabón. *Jamás* lo había tenido tan cerca de mí. El día en que ordenó que el pueblo desfilara por° el patio de la Escuela para ver a los cuatro rebeldes allí colgados, me crucé° con él un instante. Pero el espectáculo de los cuerpos mutilados me impedía fijarme° en el rostro del hombre que lo dirigía todo y que ahora iba a tomar en mis manos. No era un rostro *desagradable,* ciertamente. Y la barba, envejeciéndolo un poco, no le caía mal.° Se llamaba Torres. El capitán Torres. Un hombre con imaginación, porque ¿a quién se le había ocurrido antes° colgar a los rebeldes desnudos y luego ensayar° sobre determinados sitios del cuerpo una mutilación a° bala? Empecé a extender° la primera capa° de jabón. El seguía con los ojos cerrados. «De buena gana° me iría a dormir un poco», dijo, «pero esta tarde hay mucho que hacer.» Retiré la brocha y pregunté con aire falsamente desinteresado: «¿Fusilamiento?» «Algo por el estilo, pero más lento», respondió. «¿Todos?» «No. Unos cuantos apenas.»° Reanudé° de nuevo la tarea° de enjabonarle° la barba. Otra vez me temblaban las manos. El hombre no podía *darse cuenta de* ello y ésa era mi *ventaja.* Pero yo hubiera querido que él no viniera. Probablemente muchos de los nuestros lo habrían visto entrar. Y el enemigo en la casa impone condiciones. Yo tendría que afeitar esa barba como cualquiera otra, *con cuidado,* con esmero,° como la de un buen parroquiano,° cuidando de° que ni por un solo poro fuese a brotar una gota° de *sangre.* Cuidando de que en los pequeños remolinos° no se desviara° la hoja. Cuidando de que la piel quedara limpia, templada,° pulida,° y de que al pasar el dorso° de mi mano por ella, sintiera la *superficie* sin un pelo. Sí. Yo era un revolucionario clandestino, pero era también un barbero de conciencia, orgulloso de la pulcritud° en su oficio.° Y esa barba de cuatro días se prestaba para una buena faena.°

Tomé la navaja, levanté en ángulo oblicuo las dos cachas,° dejé libre la hoja y empecé la tarea, de una de las

parade on	
I came face to face	
my noticing	
was not unbecoming to him	
who had ever thought of	
practice	
by	
apply / coat	
gladly	
only / I went back to	
task / lathering	
painstakingly	
customer / taking care	
burst out a drop	
swirls of hair / divert	
soft / polished	
back	
neatness / trade	
task	
handle	

patillas *hacia abajo*. La hoja respondía a la perfección. El pelo se presentaba indócil° y duro, no muy crecido, pero compacto. La piel iba apareciendo poco a poco. Sonaba la hoja con su ruido característico, y sobre ella crecían los grumos° de jabón mezclados con trocitos° de pelo. Hice una pausa para *limpiarla,* tomé la badana de nuevo y me puse a asentar° el acero, porque yo soy un barbero que hace bien sus cosas. El hombre que había mantenido los ojos cerrados, los abrió, sacó una de las manos por encima de la sábana, se palpó la zona del rostro que empezaba a quedar libre de jabón, y me dijo: «Venga usted a las seis, esta tarde, a la Escuela.» «¿Lo mismo del otro día?» le pregunté horrorizado. «Puede que resulte mejor», respondió. «¿Qué piensa usted hacer?» «No sé todavía. Pero nos divertiremos.»° Otra vez se echó hacia atrás y cerró los ojos. Yo me acerqué con la navaja en alto.° «¿Piensa *castigarlos* a todos?» aventuré tímidamente. «A todos.» El jabón se *secaba* sobre la cara. Debía apresurarme. Por el *espejo,* miré hacia la calle. Lo mismo de siempre: la tienda de víveres° y en ella dos o tres compradores. Luego miré el reloj: las dos y veinte de la tarde. La navaja seguía descendiendo. Ahora de la otra patilla hacia abajo. Una barba azul, cerrada. Debía dejársela crecer como algunos poetas o como algunos sacerdotes.° Le quedaría° bien. Muchos no lo reconocerían. Y mejor para él, pensé, mientras trataba de pulir suavemente todo el sector del cuello. Porque allí sí que debía manejar con habilidad la hoja, pues el pelo, aunque en agraz,° se enredaba° en pequeños remolinos.° Una barba crespa. Los poros podían abrirse, diminutos, y soltar su perla de sangre. Un buen barbero como yo finca° su orgullo en que eso no ocurra a ningún cliente. Y éste era un cliente de calidad. ¿A cuántos de los nuestros había ordenado matar? ¿A cuántos había ordenado que los mutilaran? . . . Mejor no pensarlo. Torres no sabía que yo era su enemigo. No lo sabía él ni lo sabían los demás. Se trataba de° un secreto entre muy pocos, pre-

unmanageable

blobs / little pieces

strop

we will have fun
held high

groceries

priests / It would look

quite short / was tangled

swirls

bases

It was

cisamente para que yo pudiese informar a los revolucionarios de lo que Torres estaba haciendo en el pueblo y de lo
que proyectaba hacer cada vez que emprendía una excur-
sión para cazar° revolucionarios. Iba a ser, pues, muy difícil   **hunt**
explicar que yo lo tuve entre mis manos y lo dejé ir tranquilamente, vivo y afeitado.

La barba le había desaparecido casi completamente.
Parecía más joven, con menos años de los que llevaba a
cuestas° cuando entró. Yo supongo que eso ocurre siem-   **younger than he seemed**
pre con los hombres que entran y salen de las *peluquerías.*   **to be**
Bajo el golpe de mi navaja Torres rejuvenecía, sí, porque
yo soy un buen barbero, el mejor de este pueblo, lo digo
sin vanidad. Un poco más de jabón, aquí, bajo la *barbilla,*
sobre la manzana,° sobre esta gran vena. ¡Qué calor!   **Adam's apple**
Torres debe estar sudando° como yo. Pero él no tiene   **sweating**
miedo. Es un hombre sereno que ni siquiera piensa en lo
que ha de hacer esta tarde con los prisioneros. En cambio
yo, con esta navaja entre las manos, puliendo y puliendo
esta piel, evitando que brote sangre de estos poros, cuidando todo golpe, no puedo pensar serenamente. Maldita°   **cursed**
la hora en que vino, porque yo soy un revolucionario pero
no soy un asesino. Y tan fácil como resultaría° matarlo. Y   **it would be**
lo *merece.* ¿Lo merece? No, ¡qué diablos!° Nadie merece   **Oh hell!**
que los demás hagan el sacrificio de convertirse en asesinos. ¿Qué se gana con ello? Pues nada. Vienen otros y
otros y los primeros matan a los segundos y éstos a los
terceros y siguen y siguen hasta que todo es un mar de
sangre. Yo podría cortar este cuello, así ¡zas!, ¡zas!° No le   **[Interjection denoting a**
daría tiempo de quejarse y como tiene los ojos cerrados no   **slitting motion]**
vería ni el brillo° de la navaja ni el brillo de mis ojos. Pero   **gleam, shine**
estoy temblando como un verdadero asesino. De ese
cuello brotaría° un chorro° de sangre sobre la sábana, so-   **would spurt / stream**
bre la silla, sobre mis manos, sobre el suelo. Tendría que
cerrar la puerta. Y la sangre seguiría corriendo por el piso,
tibia, imborrable,° incontenible, hasta la calle, como un pe-   **indelible**
queño arroyo escarlata.° Estoy seguro de que un golpe   **red**

fuerte, una honda° incisión, le evitaría todo dolor. No sufriría. ¿Y qué hacer con el cuerpo? ¿Dónde ocultarlo? Yo tendría que huir, dejar estas cosas, refugiarme lejos, bien lejos. Pero me *perseguirían* hasta dar conmigo.° «El asesino del Capitán Torres. Lo *degolló* mientras le afeitaba la barba. Una *cobardía*.» Y por otro lado: «El *vengador* de los nuestros. Un nombre para recordar (aquí mi nombre). Era el barbero del pueblo. Nadie sabía que él defendía nuestra causa . . .» ¿Y qué? ¿Asesino o héroe? Del *filo* de esta navaja depende mi destino. Puedo inclinar un poco más la mano, apoyar un poco más la hoja, y hundirla.° La *piel* cederá como la *seda*, como el caucho,° como la badana. No hay nada más *tierno* que la piel del hombre y la sangre siempre está ahí, *lista* a brotar. Una navaja como ésta no traiciona.° Es la mejor de mis navajas. Pero yo no quiero ser un asesino, no señor. Usted vino para que yo lo afeitara. Y yo cumplo horadamente con mi trabajo . . . No quiero mancharme de sangre. De espuma y nada más. Usted es un *verdugo* y yo no soy más que un barbero. Y cada cual en su puesto.° Eso es. Cada cual en su puesto.

La barba había quedado limpia, pulida y templada. El hombre se incorporó° para mirarse en el espejo. Se pasó las manos por la piel y la sintió fresca y nuevecita.

«Gracias», dijo. Se dirigió al ropero en busca del cinturón, de la pistola y del kepis. Yo debía estar muy pálido y sentía la *camisa* empapada.° Torres concluyó de ajustar la hebilla,° rectificó la posición de la pistola en la funda y, luego de *alisarse* maquinalmente° los cabellos, se puso el kepis. Del bolsillo del pantalón extrajo unas monedas para pagarme el importe° del servicio. Y empezó a caminar hacia la puerta. En el umbral° se detuvo un segundo y volviéndose me dijo:

«Me habían dicho que usted me mataría. Vine para comprobarlo.° Pero matar no es fácil. Yo sé por qué se lo digo.»° Y siguió calle abajo.

	deep
	find me
	sink it in
	rubber
	betray
	vocation
	rose
	soaked
	buckle
	mechanically
	cost
	doorway
	to find out
	what I am saying

HERNANDO TELLEZ   **189**

Vocabulario activo

saludó (saludar) *greeted*
navaja *razor*
puse (ponerse) a + inf. *began + -ing.*
temblar *to tremble, to shake*
se quitaba (quitarse) *took off, removed*
cinturón (m) *belt*
bala *bullet*
colgó (colgar) *hung*
nudo *knot*
corbata *tie*
aféiteme (afeitar) *shave me*
jabón (m) *soap*
brocha *brush*
revolver *to stir*
espuma *foam*
sábana *sheet*
cuello *neck*
jamás *never*
desagradable *unpleasant*
fusilamiento *shooting, execution (by firing squad)*
darse cuenta de *to realize*
ventaja *advantage*
con cuidado *carefully*

sangre *blood*
pulir *to polish*
superficie (f) *surface*
hacia abajo *downwards*
limpiarla (limpiar) *to clean (it)*
castigarlos (castigar) *punish them*
secarse *to dry (off)*
espejo *mirror*
peluquería *barber shop*
barbilla *chin*
merece (merecer) *deserves*
perseguirían (perseguir) *would persecute*
degolló (degollar) *slit (his) throat*
cobardía *cowardice*
vengador *avenger*
filo *edge, blade*
piel *skin*
seda *silk*
tierno *tender*
listo *ready*
verdugo *executioner*
camisa *shirt*
alisarse *to smooth down*

Preguntas sobre la lectura

1. ¿Qué estaba haciendo el barbero cuando entró su cliente?
2. ¿Cómo se sabe que el cliente es militar?
3. ¿Cómo prepara el barbero la espuma para afeitarlo?
4. ¿Dónde ha estado el militar durante los últimos cuatro días?
5. ¿Qué hizo el cliente después que el barbero le anudó la sábana al cuello?
6. ¿Cuándo se había cruzado el barbero con él por la primera vez?
7. ¿Qué aspecto tenía el militar para el barbero?

8. ¿Por qué cree el barbero que Torres es un hombre de imaginación?
9. A pesar de lo que el barbero siente hacia Torres, ¿por qué piensa en afeitar a este militar con tanto esmero?
10. ¿En qué parte de la cara comienza el barbero a afeitar?
11. ¿A qué función invita Torres al barbero?
12. Mientras afeita a Torres, ¿qué piensa el barbero de la barba del militar?
13. Fuera de ser el barbero del pueblo, ¿qué otro trabajo desempeña él?
14. ¿Qué efecto iba teniendo la navaja sobre Torres?
15. Aunque sería fácil, ¿por qué no mata el barbero al militar?
16. Mientras sigue afeitándolo, ¿en qué piensa el barbero?
17. ¿Por qué no quiere mancharse de sangre el barbero?
18. Cuando el barbero terminó de afeitarlo, ¿qué hizo Torres?
19. Al salir de la barbería, ¿qué observación le hizo Torres al barbero?

DISCUSIÓN

1. Este cuento crea un ambiente de violencia sin llegar ésta a exhibirse. ¿Cómo se mantiene esta tensión a través de la narrativa?
2. Explique Ud. las razones que mueven al barbero a no hacer lo que fácilmente podría hacer.
3. A través de la narrativa, se presenta la posibilidad de que el barbero sin querer [unintentionally] haga sangrar a Torres [make Torres bleed] debido a un descuido [carelessness]. ¿Qué significaría para el barbero y para la tensión del cuento si brotara sangre?
4. ¿Por que será que Torres no teme al barbero? ¿Le teme el barbero a Torres o le odia?
5. ¿A qué atribuiría Ud. la vacilación y la turbación (trepidation) del barbero ante la presencia de Torres?
6. Enumere las descripciones de sensaciones físicas que aparecen

en este cuento. ¿Con qué fin las describe el autor en un lenguaje tan preciso y lacónico?

7. ¿Cuál sería el efecto de esta narrativa si estuviera escrito en la tercera persona? Explique su punto de vista.

8. Si Ud. tuviera la oportunidad de escribir o editar este cuento, ¿le cambiaría el título por otro más adecuado? ¿Cuál escogería Ud.?

9. Si se adaptara este cuento para un guión (*script*) cinematográfico o de televisión, ¿tendría el mismo impacto en el público (*audience*)? ¿Qué opina Ud. al respecto? ¿Habría que hacer muchos cambios?

SÍNTESIS

Vocabulario y práctica

1. Complete las frases siguientes con la palabra apropiada del vocabulario activo:

a. El barbero usa su mejor _____ para afeitar a Torres.

b. La _____ es algo muy tierno que se encuentra en el cuello.

c. Para que no brote sangre, el barbero tiene que afeitar a Torres _____ _____ .

d. Con la _____ , el barbero revuelve el jabón y forma _____ para poner sobre la _____ de Torres.

e. El _____ de la navaja tiene que estar en óptimas condiciones para que ésta afeite bien.

2. Diga si es verdad o falso

a. La espuma se hace a base del jabón. _____

b. La corbata se coloca alrededor de las patillas. _____

c. La brocha se usa para revolver el jabón y formar espuma. _____

d. Es bueno afeitar la manzana con cuidado porque es tierna. _____

e. Es posible alisarse el pelo si uno es calvo. _____
f. El barbero afeita a Torres comenzando por la patilla y afeitando hacia abajo. _____
g. Sería muy difícil para el barbero degollar a Torres. _____
h. Para Torres, el ser afeitado es muy desagradable. _____
i. Al barbero le está temblando la mano cuando comienza a afeitar a Torres. _____

3. Dé la relación o conexión que existe entre las dos palabras separadas por una rayita [dash]:

jabón—espuma
navaja—afeitar
corbata—cuello
patilla—barbilla
manzana—tierna

alisarse—pelo
corbata—camisa
verdugo—castigar
navaja—degollar
brocha—jabón

4. Dé las formas apropiadas del pretérito o del imperfecto que corresponden al infinitivo en paréntesis, en cada una de las siguientes frases:

1. Mientras el barbero _____ (estar) preparando el jabón, el capitán _____ (darse cuenta de que) el barbero _____ (ser) su enemigo.
2. El barbero _____ (extraer) del cajón una sábana y la _____ (anudar) al cuello de su cliente.
3. El jefe _____ (ordenar) que el pueblo desfilara por el patio de la Escuela.
4. Cuando el barbero lo _____ (ver) por primera vez, sus manos le _____ (temblar).
5. El capitán Torres _____ (saber) que yo _____ (ser) un miembro del orden político.
6. Al momento en que yo _____ (empezar) a afeitarle, alguien _____ (entrar) y me _____ (saludar).
7. Cuando _____ (vivir) en otro pueblo de la región, el capitán ya _____ (ser) bien conocido.

DISCUSIÓN GENERAL

1. Por medio de un breve análisis psicológico, compare las personalidades del capitán Torres y la del barbero. ¿Cuál de estos hombres le impresiona más? ¿Por qué?

2. ¿Cuántas manifestaciones de violencia y de crueldad aparecen en este cuento? Piense en el castigo de los revolucionarios y en la ira del barbero al oír el relato del capitán sobre la última excursión.

3. El autor describe al capitán Torres como un asesino cruel y sádico (*sadistic*). Sin embargo, al final del cuento, el autor revela algo muy importante sobre Torres. ¿Qué es? ¿Cómo interpreta Ud. la confesión de Torres?

4. ¿Cómo describiría Ud. la contienda (*contest*) entre estos dos hombres cuyas ideas políticas son tan desiguales? ¿Cuál de ellos cree Ud. que ganó? Explique.

5. Tanto en este cuento como en *El vaso de leche* aparece el problema del hombre moderno que se analiza a sí mismo antes de actuar. Indique Ud. cuál es la actitud de Téllez y de Rojas ante este problema y cómo lo desarrollan.

6. ¿Se podría decir que *Espuma y nada más* es una reafirmación del culto al coraje y a lo viril del hombre hispano en particular, o del hombre moderno en general? ¿Cuál es su opinión al respecto?

7. ¿Cuál es la actitud que existe hacia el machismo en este país? ¿Qué entiende Ud. por machismo? ¿Conoce Ud. el origen de este vocablo y cuándo pasó a formar parte del vocabulario activo de este país?

8. Si Ud. se encontrara ante el conflicto de escoger entre la lealtad hacia sus compañeros de lucha política y el deseo de convertirse en héroe por medio del asesinato, ¿qué resolución tomaría Ud. al respecto? ¿Le parece a Ud. que no hay alternativas para este problema?

9. ¿Cree Ud. que los asesinos políticos de esta última década habrán experimentado conflictos similares al del barbero? ¿Podrían haber actuado por otras razones más egoístas o

por desequilibrio mental? ¿Cómo se explica Ud. esta realidad social?

10. En este cuento de Téllez aparece de nuevo el tema de la muerte por violencia. ¿Cuál es la actitud de este autor y cómo desarrolla este tema?

11. Repase las lecturas en las cuales aparece la muerte violenta y compare el tratamiento que le dan los autores de esos micro-cuentos. ¿Cuál de ellos prefiere Ud. y por qué?

JULIO CORTAZAR

19

JULIO CORTÁZAR was born in Belgium in 1914 but was educated in Buenos Aires. A resident in that city during part of the Juan Perón dictatorship (1946-1955), he left the country in opposition to Perón in 1951 and became a resident of France. He belongs to that growing number of Spanish American intellectuals who have taken up residence in Europe for varying reasons, be they political or personal. Besides the artistic and intellectual stimulation provided by the Old World, Spanish American writers such as Donoso, Vargas Llosa, García Márquez and Cortázar find that removing themselves from their native milieu or roots gives them a new and less obtrusive perspective on those lands physically left behind.

Cortázar, novelist and short story writer, ignores the rigidity of space and time and moves back and forth across the thin line which separates reality from fantasy. Along with many of his contemporaries, he shows a great attraction for "marginal" situations; that is, those which hang between normalcy and beyond, whether in space or time. Although these cases are rarer, they incite more interest than the real or normal. "Continuidad de los parques," the story which follows, is an excellent example of the seesaw movement between what is real and what is imagined but, somehow, the reader, given a good imagination, can cope with the possibility of this "new" reality being as real as the preceding one.

Continuidad de los parques

Había empezado a leer la novela unos días antes. La abandonó por negocios urgentes, volvió a abrirla cuando regresaba en tren a la *finca;* se dejaba interesar lentamente por la *trama,* por el *dibujo* de los personajes. Esa tarde, después de escribir una carta a su apoderado° y discutir con el mayordomo° una cuestión de aparcerías,° volvió al libro en la tranquilidad del estudio que miraba hacia el parque de los *robles.* Arrellanado° en su *sillón* favorito, de espaldas° a la puerta que lo hubiera molestado como una irritante posibilidad de instrusiones, dejó que su mano izquierda acariciara una y otra vez el terciopelo verde° y se puso a leer los últimos capítulos. Su memoria retenía sin esfuerzo los nombres y las imágenes de los protagonistas; la ilusión novelesca lo ganó° casi en seguida. Gozaba del placer casi perverso de irse desgajando° línea a línea de lo que lo rodeaba, y sentir a la vez que su cabeza descansaba cómodamente en el terciopelo del alto respaldo,° que los cigarrillos seguían al alcance de° la mano, que más allá de los ventanales° danzaba el aire del *atardecer* bajo los robles. Palabra a palabra, absorbido por la sórdida disyuntiva° de los héroes, dejándose ir hacia las imágenes que se concertaban° y adquirían color y movimiento, fue testigo del último *encuentro* en la cabaña del monte. Primero entraba la mujer, recelosa;° ahora llegaba el *amante, lastimada* la cara por el chicotazo° de una rama. Admirablemente restañaba° ella la sangre con sus *besos,* pero él *rechazaba* las caricias, no había venido para repetir las ceremonias de una pasión secreta, protegida por un mundo de hojas secas y *senderos* furtivos. El *puñal* se entibiaba° contra su *pecho,* y debajo latía° la libertad agazapada.° Un diálogo anhelante° corría por las páginas como un arroyo de serpientes,° y se sentía que todo estaba decidido desde siempre. Hasta esas caricias que enredaban° el cuerpo del amante como queriendo retenerlo y disuadirlo,° dibujaban abomi-

attorney
estate manager /
  partnership matter
sprawled
with his back toward

green velvet

attracted him
removing himself from

back
within reach of
large windows

dilemma
formed a pattern

distrustful
lash
stopped the flow

became warm
palpitated / hidden
breathless
snakes
entangled
dissuade him

nablemente la figura de otro cuerpo que era necesario destruir. Nada había sido olvidado: coartadas,° azares,° posibles errores. A partir de esa hora cada instante tenía su empleo minuciosamente atribuido.° El doble repaso° despiadado° se interrumpía apenas para que una mano acariciara una *mejilla*. Empezaba a *anochecer*.

    Sin *mirarse* ya, atados rígidamente a la tarea que los esperaba, se separaron° en la puerta de la *cabaña*. Ella debía seguir por la *senda* que iba al norte. Desde la senda opuesta° él se volvió un instante para verla correr con el pelo suelto.° Corrió a su vez, parapetándose° en los árboles y los setos,° hasta distinguir en la bruma malva° del crepúsculo la alameda° que llevaba a la casa. Los perros no debían *ladrar,* y no ladraron. El mayordomo no estaría° a esa hora, y no estaba. Subió los *peldaños* del porche y entró. Desde la sangre galopando en sus *oídos* le llegaban las palabras de la mujer: primero una sala azul, después una galería, una escalera alfombrada.° En lo alto° dos puertas. *Nadie* en la primera habitación,° nadie en la segunda. La puerta del salón, y entonces el puñal en la mano, la luz de los ventanales, el alto respaldo de un sillón de terciopelo verde, la cabeza de un hombre en el sillón leyendo una novela.

Marginal glosses: alibis / unforeseen events — planned / rehearsal calculated — the lovers parted — opposing — loose / cowering — hedges / violet mist — tree-lined walk — shouldn't be there — carpeted / At the top room

Vocabulario activo

finca *farm*
trama *plot*
dibujo *drawing*
roble (m) *oak (tree)*
sillón (m) *armchair*
atardecer (m) *dusk*
encuentro *meeting, encounter*
amante (m&f) *lover*
lastimada (lastimar) *hurt*

beso *kiss*
rechazaba (rechazar) *repelled*
sendero *path*
puñal (m) *knife, dagger*
pecho *chest, breast*
mejilla *cheek*
anochecer (m) *evening, nightfall, dusk*
mirarse *to look at each other*
cabaña *cabin*

senda *pathway*
ladrar *to bark*
peldaño *step (on a stairway)*

oído *inner ear, ear*
nadie *nobody, no one*

Preguntas sobre la lectura

1. ¿Qué estaba haciendo el protagonista?
2. Describa Ud. dónde está leyendo él.
3. A medida que lee, ¿qué efecto va teniendo [*is having*] la novela sobre su lector?
4. ¿Qué efecto tiene la imaginación del lector con relación al paisaje que se está desarrollando en la novela?
5. ¿En qué lugar ocurre la traslación (*passage*) entre novela y realidad?
6. ¿Por qué será que el protagonista está seguro de que los perros no ladrarán? ¿Por qué no está el mayordomo?
7. ¿De dónde le venían al protagonista las palabras de la mujer?
8. ¿A quién encontró el protagonista al entrar al salón de la cabaña?

DISCUSIÓN

1. Se ha dicho que *Continuidad de los parques* es una narrativa circular. O sea, a diferencia de una narrativa lineal, que contiene comienzo y final, este cuento de Cortázar no define ni principio ni final. Explique Ud. esto.
2. Compare Ud. la relación que existe entre el protagonista de este cuento y la ilusión novelesca con el caso del soñador que sueña sabiendo que está soñando.
3. Compare Ud. este cuento de Cortázar con el de Enrique Anderson Imbert, titulado *Espiral* e incluido en este texto.
4. ¿Cómo se caracteriza la acción de la primera parte de este cuento? ¿Dónde y cuándo comienza a avanzar con más rapidez?

SÍNTESIS

Vocabulario y práctica

1. Dé Ud. cinco palabras que se relacionen con distintos períodos de las 24 horas de cada día. En esta lectura hay dos; en el resto ya repasado, han aparecido por lo menos ocho.

2. En varias de las selecciones pasadas y en ésta aparecen vocablos que se relacionan con la violencia y/o la muerte. ¿Puede Ud. dar por lo menos diez?

3. La violencia es sólo un aspecto del carácter humano. Existen también muchas otras características que definen al ser humano, ya sea positiva o negativamente. ¿Cuántos vocablos se le ocurren a Ud. que se relacionen con a) el amor, b) la debilidad, c) el valor?

4. Escoja Ud. las palabras de la primera columna que se puedan asociar con palabras de la segunda:

nadie	vacío
escalera	perro
rostro	hacer daño
oído	mejilla
casa	desenlace
lastimar	camino
trama	navaja
senda	árbol
puñal	cabaña
ladrar	barbilla
roble	peldaño

5. Haga Ud. una frase que defina cada una de las palabras siguientes:

    a. atardecer
    b. ladrar
    c. sendero
    d. mejilla
    e. sillón
    f. puñal

DISCUSIÓN GENERAL

1. ¿De qué se trata esta narrativa? ¿Tiene una trama bien delineada? Lea con detención y cuente los personajes. ¿Cuántos hay?

2. El triángulo amoroso es un tema muy común en la literatura. ¿Está Ud. de acuerdo de que el autor ofrece una innovación en su desarrollo? ¿Cómo explicaría Ud. esta singularidad de estilo?

3. Compare Ud. la narrativa de Rojas con este cuento de Cortázar e indique las diferencias entre el estilo de estos dos autores desde el punto de vista literario.

4. ¿Qué papel tiene la naturaleza en estos dos cuentos? ¿Qué importancia tienen los personajes?

5. ¿Se puede escribir un microcuento sin emplear una trama específica y sin personajes? ¿Cual sería el resultado?

6. Deduciendo de la experiencia anterior, ¿cuál es la base de la narrativa corta? ¿Sería mucho más fácil escribir una novela de unas trescientas páginas? Explique sus ideas al respecto.

7. ¿A qué se debe el tono melancólico que se observa a través del relato? Describa su impresión.

Literary and Cultural Glossary

Allegory

This is a form of comparison in which objects and persons in a narrative are equated with meanings that lie outside the narrative itself. It is a symbolic narrative with characters which are usually personifications of abstract qualities. It is of dual interest: one in the events and characters and settings themselves and the other in the ideas that they are intended to convey. Parables and fables are two kinds of allegory.

Dictum

An authoritative pronouncement or judicial assertion which carries the weight of a command.

Fable

A short tale written or told to teach a moral. The characters found in a fable can be people, animals or inanimate objects. When animals or inanimate objects are used, they are given human characteristics. Often this method is used to disguise well-known people or highly-placed people. The fable thus becomes a social criticism of a subtle nature. The fable may deal with supernatural or extraordinary persons or incidents or very common everyday themes. The basic use of the fable is to teach a moral through the description of a common situation with which most listeners or readers can identify. The stories often seem simplistic, but in reality there is a hidden goal which does not become apparent until the very end when the moral is stated.

Gaucho

A cowboy of the South American pampas, especially of Argentina and Uruguay. The literature of these two countries strongly indicates that this rugged individual represents an essential part of the present-day make-up of the Argentine and Uruguayan character.

Genre

A term borrowed from the French and used widely in English with the meaning of genus, kind, sort or style. It is employed to refer to a class or category of artistic endeavor which has a particular form, content and technique. The novel, the short story and the drama are all **genres** of literature which have particular forms of their own.

Irony

A figure of speech in which the words express a meaning that is often the direct opposite of the intended meaning. Irony, sarcasm and satire all indicate mockery of something or someone. The essential feature of irony is the indirect presentation of a contradiction between an action or expression and the context in which it occurs. For example, it is ironic to say "Beautiful weather, isn't it?" when it is raining for one intends to imply that the weather is utterly miserable.

Lake Titicaca

The largest lake in South America (3200 sq. mi.) and at 12,508 feet the highest navigable lake in the world. It is situated on the boundary of southern Peru and western Bolivia in the Andes.

Maxim

A short, concise statement, usually drawn from experience which expresses a general truth or principle. Some synonyms are aphorism, saying and adage.

Microstory

A very brief short story ranging in length from just a few lines to perhaps no more than one full page. Due to its brevity, this type of tale has usually few characters and treats only one theme. This very brevity compels the author to create an unusual theme which very quickly builds up in intensity and climaxes in a very surprising and often ironical ending. Biblical parables and fables are two excellent examples of this short tale.

Modernism

A literary movement which began in the latter part of the 19th century and originated officially with Nicaraguan poet Rubén Darío who, in 1888, published *Azul*. It is a result of the renovating European currents of the time and is reflected in all the *genres* of literature although it lends itself particularly to poetry. Its duration as a movement is short but its lingering influence as a regenerating force on literature is felt even today.

Monotheism

The doctrine or belief that there is only one God (derived from the Greek words "mono" for one and "theo" meaning God).

Moral

A lesson or profitable teaching which is deduced from the reading of a tale, fable, example, anecdote, etc.

Neo-classicism

An imitation of the models and forms of classical Greek and Latin literature or a return to the spirit which these ancient models inspired. In Spain, it is used to reflect both the periods of the Renaissance in the 16th century and the 18th century, when many of the Classical influences came indirectly through imitation of the French models.

Neo-platonism

Revival, during the Renaissance, of the philosophy of Plato. It arises from the Italian humanists and it is reflected mainly in poetry and modern prose by a cult of ideal beauty and spiritualized love. This influence is felt in Spain particularly during the 16th century.

Pizarro, Francisco

(c. 1470—1541) Spanish conqueror of the Inca empire which at the arrival of the Conquistadores encompassed essentially what today is Peru, Ecuador, part of Bolivia and northern Chile.

Protagonist

Usually, this term is applied in reference to the leading character or hero of a literary work. Often, used in the plural, it is extended to include all the main characters as well.

Vocabulary

The end vocabulary includes all words found in the vocabulary lists after the reading selection as well as common vocabulary students may not have retained from previous courses.

Radical stem changes are shown in parentheses immediately following the infinitive. If the stem change occurs solely in the present tense, it will be the only one shown. If a change also occurs in the preterit, the first change will correspond to the present; the second to the preterit. Certain other changes in spelling or accentuation are also included.

Gender is indicated for masculine nouns which do not end in -o or -or and feminine nouns which do not end in -a, -ad, and -ión.

abbreviations

adj.	adjective		*pl.*	plural
inf.	infinitive		*p.p.*	past participle
m.	masculine		*pres. p.*	present participle
n.	noun		*sing.*	singular
pers.	person		*subj.*	subjunctive
			v.	verb

A

abierto (*p.p. of* **abrir**) opened
abrir to open
abrumado overwhelmed
abrumar to crush, overwhelm
abuelo grandfather
aburrirse to get bored, become bored
acabar to finish, end; **—de** +*inf. to* have just—; **—por** +*inf.* end up by

acaecer to so happen
acariciar to caress
acaso perhaps, maybe
acción share of stock (in the Stock Market)
aceite *m.* oil
acera sidewalk
acero steel
acercarse to approach, come near
aconsejar to advise, counsel

acontecer to come to pass, happen
acontecimiento event, happening
actuación part played, role
actual of the present time
actualidad nowadays
adelantado: por — in advance
adelanto advance in pay
adulador flatterer
advertir (ie, i) to warn, point out, notice
afeitar to shave; **—se** to shave oneself
afligir to hurt, afflict
afrentar to affront
agarrar to grasp firmly
agigantado made giant-sized
agotado exhausted
agradar to please
aguardar to wait
ahogarse to drown
alabanza praise
alabar to praise
alba dawn
alborozo great joy
antemano: de — beforehand
alcaide *m.* governor
alcanzar to reach, achieve
aldeano peasant, villager
alegría joy, happiness
alejarse to move away, walk away
algo something; **—** +*adj.* somewhat
algodón *m.* cotton
alguien someone
algún *m.* some (+noun)
alguno someone
alimentar to feed; **—se** to nourish oneself
alimento nourishment
alisarse to smooth down
alma soul

almohada pillow
alto high, tall
alumbramiento deliverance, birth
amanecer *m.* dawn
amante *m., f.* lover
amargamente bitterly
amarillo yellow
amarrar to tie
ambiente *m.* atmosphere, ambience, environment
ambos both
amenazar to threaten, menace
amonestar to admonish
andar: —del tiempo passing of time
andén *m.* station platform
anhelante expectant
anochecer *m.* nightfall
antecesor predecessor
antemano: de— beforehand
anteojos *pl.* eyeglasses
anterior previous
antes before
antiguamente in olden days
antigüedad antique, antiquity
añadir to add
apagar (se) to satiate, dampen down, alleviate
aparecer to appear, to show up
aparentar: — +*inf.* to make believe, to have the appearance of
apercebirse (i, i) to get ready
apiadarse to take pity on
apoyar to press, lean on, support
apresuramiento: del — of being hasty
apretar to push, to squeeze
araña spider
árbol *m.* tree
ardiente burning
arma weapon
armadura suit of armor

arrancar to pull out, take off
arranque *m.* fit
arrastrar to drag
arrebatar to take away
arreglar to fix, repair, arrange
arrepentirse (ie, i) to be sorry, to repent
arrodillarse to kneel
arrollado wrapped
arrostrar to defy
arroyo brook
arrugar to wrinkle
asemejarse to resemble
asesinar to murder, assassinate
así thus
asistir to attend, to be present
asno ass, small donkey
asomarse to look out of (*a window, a door*), to peer
aspecto appearance, aspect
áspero harsh
aspiradora vacuum cleaner
asustadizo timid
atardecer *m.* evening
ataúd *m.* casket, coffin
atezado blackened
ateo atheist
atónito astonished
atracar to hold up
atravesar (ie) to cross, go through
atreverse to dare
aturdido stunned
aullido howl
aumentar to grow, augment
aun even
aunque even though, although
aurora dawn
automovilista *m., f.* driver (*of an automobile*)
avaro *n.* miser, *adj.* miserly
ave *f.* (*m. in sing.*) bird

ayunar to fast
ayunas: en — on an empty stomach
azabache jet black
azar *m.* chance
azorado uneasy

B

bache *m.* pothole
bala bullet
banal trivial, commonplace, hackneyed, banal (*from the French*)
barba beard
barbarie *f.* barbarousness, lack of civilization
barbilla chin
barca fishing boat
barco ship
barda thatch
barra rod, bar
barranco precipice, abyss
basta enough (**bastar** to be enough)
beber to drink
bebida drink
bejuco bindweed
bélico warlike, martial
bendecir to bless
beneficio benefit
beso kiss
bigote *m.* mustache
billete *m.* bill (*of money*)
bizcocho biscuit
blanco white
blando soft
bocado mouthful
bolsa bag; Stock Market
bolsillo pocket
bombilla lightbulb
bonanza calm
bordado embroidered

bordar to embroider
bostezar to yawn
bostezo yawn
brazo arm
brocha painter's or shaving brush
broma joke
brujo conjurer, wizard
burlarse: — + de to mock, make
    fun of
buscar to look for
buzón *m.* letter box

C

cabalgar to ride (*an animal*)
cabaña cabin
cabello hair
cabeza head
cacarear cackle
caer to fall
calcinado scorched
caldera cauldron
caluroso hot, balmy
calvo bald
Cámara Chamber (*House of
    Representatives*)
camarada companion, comrade
cambiar to change
camino road, way
camión *m.* truck
camisa shirt
campanilla small bell, church hand
campesino peasant, field worker
campo field, country
cana a gray hair
canasta basket
cangrejo crab
canicas marbles
canje *m.* exchange
cantero construction slab

cantil *m.* large snake of Guatemala
cañón *m.* muzzle (*of a gun*)
capataz *m.* foreman, overseer
capilla chapel
capricho whim, caprice
cara face
caracol: de — spiral
cárcel *f.* jail
carga load, weight
carne *f.* flesh, meat
carta letter
cartero mailman
caserón *m.* mansion
casi almost
castigar to punish
castigo punishment
casualidad chance
causa: a — de because
causante *m., f.* originator
cavar to dig
caza hunt; **de —** hunting
cazador hunter
centavo cent
centinela guard, sentinel
ceñido strapped
cerca *n.* fence
cercano nearby
cerco siege
cerebro brain
cerrar (ie) to close
cerro hill
cervatillo musk-deer
cicatriz *f.* scar, cicatrice
ciego blind
cielo heaven, sky
cierto certain; **— día** one day
cintura waist
cinturón *m.* belt
clamar to call out
clarín *m.* bugle

clavar to embed, nail
cobardía cowardice
codicia greed
codo elbow
coger (j) to take, catch
colegio school (*not university*)
colmillo tooth, eye-tooth, canine tooth
colocar to place, put carefully
comedia farce, comedy
comida food
como as, like, since
complacer to please
comportamiento behavior
comprobar (ue) to prove
comprometerse to agree, promise to one another
concertar (ie) to form, put together
concordar (ue) to agree, correspond
conducir to lead, conduct
conferir (ie, i) to confer, discuss
confianza confidence
confundir to confuse
congregar to bring together, gather, congregate
conocimiento knowledge
conque so
conseguir (i, i) to obtain, achieve
consejero counselor
consejo advice, council
contagiar to infect by contagion
contar (ue) to tell, recount, narrate
contestar to answer
contra against
convertir (ie, i) to convert into; **—se** to become
corbata necktie
cortar to cut, cut off
correligionarios individuals who share common ideas

correo post office
correr to run
cortina curtain
cosa thing; **— que** something which; **— de** something like **— alguna** anything
cosecha harvest
cotorra small parrot
crecer to grow
creer to believe, think
crepúsculo twilight
crespo curly
criterio judgment, criterion
cual like, as
cuál which
cuanto: en — a as far as
cuartel *m.* barracks
cubrir to cover
cuchicheo whispering
cuello neck
cuerno horn (*of an animal*)
cuerpo body
cuervo crow
cueva cave
cuidado careful; **con —** carefully
cuidar to take care of
cuitado wretch, miserable one
culebra snake
culpable *m.,f.* guilty one, guilty
cumpleaños *m. sing.* birthday
cumplirse to be fulfilled, run its course
cuyo whose

CH

charla chatter
chiste *m.* joke
choza hut

D

daño harm

dar: — luz to give birth; **—se prisa** to hurry; **—se cuenta** to realize; **—se vuelta** to turn around; **— parte** to notify; **— entrada** to let in; **—miedo** make afraid; **— voces** shout; **— a conocer** make known; **— con** come across, find; **— pecho** nurse; **— conversación** engage in conversation

deber *v.* ought; *n.* duty

debilidad weakness, debility

dedo finger

defunción death

degollar (üe) to behead, to slit someone's throat

dejar: — caer to drop; **— +inf.** (*generally*) to allow

delantal *m.* apron

deleitarse to enjoy oneself

deleite *m.* joy

deletrear to spell, read letter by letter

delgado slim

delictuoso unlawful, felonious

delito crime, wrongdoing

demás: los, las — the rest

demasiado too, excessive

demostrar (ue) to show, to demonstrate

dentro inside

derecho the right

derribar to topple

desagradable unpleasant

desarrollar to unfold, develop; **—se** unfold, develop, take place

desatar to untie

desbarrancarse to go over a cliff

desconocido unknown

descubrimiento discovery

descuido carelessness

desde from, since

desechar to reject, drive away

desembarcar to disembark

desempeñar to discharge an office, a duty; to act

desenlace *m.* unraveling

desenterrar (ie) to dig up, unearth

desenvolvimiento development

desfilar to file past

deshacer to undo, **—se de** get rid of

desmayarse to faint

desnudar unclothe; **— la pistola** to unholster

despedir (i, i) to bid farewell

despegar to separate, unstick, unglue

despertar (ie) to awaken (*someone else*); **—se** to wake up

desposado married

después afterwards; **— de** after

destemplado intemperate

desteñido faded

desvanecerse to vanish

desviar (í) to deflect, to dissuade

detener to stop (*someone or something*); **—se** to stop

detrás behind; **— de** behind (*when an article is mentioned*)

dialogar to converse

diariamente daily

dibujo sketch, drawing

dictamen *m.* judgment, ruling

dicho (*p.p. of* **decir**) *n.* saying

difunto deceased (*Spanish has a plural in contrast to English*)

diligencia diligent method

diputado deputy (congressman)

dirección direction, address

discurrir to reflect
discurso speech, oration, discourse
disgregarse to become disjointed
disminuir to diminish
disparar to shoot
disparatado nonsensical
disponerse to prepare to, decide
distinto different
divergencia lack of agreement, divergence
doliente *m., f.* mourner
dominar to control, dominate
donoso graceful
dormitar to doze, nap
duda: sin — undoubtedly
dueño lord, owner
dulcemente sweetly, softly
duro hard

E

echar to throw; **— al correo** to mail
echarse to throw oneself into or at something
edad age
efectivamente in fact
elegir (j) to choose, to elect
ello it (*in reference to an event or action*)
embarcarse to embark
embargo: sin — nevertheless
embarque *m.* shipment
empadronar to register to be taxed
empero however
empleado employee
emplear to employ, use
emprender to start out on
empujar to push
enagua petticoat, slip
enamorado *n.* lover, *adj.* in love

enardecer to fire (*the senses*)
encanecer to become gray-haired
encargar: —se to take charge; **estar encargado** to be in charge
encender (ie) to light up
encerrar (ie) to lock up, to contain within
encima on top of, atop
encinta pregnant, with child (*in the Biblical sense*)
encontrar (ue) to find
encorvado bending, curved
endulzar to sweeten, soften, ameliorate
enfadarse to become angry
enfriarse to become cold
engañarse to be deceived
engaño deceit
ensangrentarse (ie) to bloody, to become bloody
ensayo essay
enseñar to teach, show, bare (*teeth*)
ensueño illusion
entender to understand
enterarse to find out
enterrar (ie) to bury
entre between; **—sí** among themselves
entregar to turn over; **—se** give oneself over to an activity
entretanto meanwhile
entretención entertainment
entristecerse to become sad, sadden
enviar to send
envolver (ue) to envelope, wrap
equivocación error, mistake
equivocarse to make a mistake
erguido erect
escalera stairway; **—s** stairs

escalón *m.* step (*of a stairway*)
escarabajo beetle
escaramuza skirmish
escaso little, scarce
escoger (j) to choose
escoltar to escort troops, guard, convoy
esconder to hide
escopeta shotgun
escuchar to listen
esfuerzo effort
espada sword
espantoso frightening
especie *f.* species, type
espejo mirror
esperanza hope
espuma foam, lather
estancia stay
éste the latter, this one, he
estera matting
estirar to stretch, extend
estragar to lay waste
estratagema plan, stratagem
estrella star
estremecerse to tremble, shudder, shake
estrépito shattering din
estruendo clamour, battle sounds
evitar to avoid
exigir (j) to demand, exact
éxito success
expediente *m.* device, method
exponer to expose, to present
extranjero foreign, foreigner

F

fallecer to die; **el —** dying, death
famélico hungry
fango mud

fantasma *m.* ghost, phantom
fastidiado annoyed
faz *f.* face
feo ugly, homely, unpleasant
fiar to trust
fiero savage
figura figure, silhouette
filo cutting edge, blade edge
finca farm
fingir (j) feign
firma signature
flaco thin
fogoso impetuous
forma form, way, manner
fracaso failure
frente *f.* forehead
frijol *m.* bean
friolento chilly, coldish
fuego: —s artificiales fireworks
fuerza strength, force
fundar to found
fundir to melt, fuse
fúnebre funereal, funeral-like
furibundo raging (*angry*)
furtivamente by stealth, clandestinely, furtively
fusil *m.* rifle
fusilar to execute by firing squad

G

galán *m.* hero
galería hallway, passageway
ganado livestock
garganta throat
gastar to spend
gato cat; **— de monte** bobcat
gesto gesture, sign
girar to turn, to rotate
glorieta arbor

golpe blow, hit
gordo fat, obese
gordura fat
gorjeo warble
gota drop (*of a liquid*)
gozoso joyous, joyful, glad, happy
gracia pardon, grace
granizo hail
granuja urchin
grato agreeable, gratifying
gringo foreigner, North American
gris gray
gritar to shout, scream
gritería shouting
grosería rudeness, vulgarity
grueso *n.* thickness, *adj.* thick
gualdo yellow
guapo handsome
güero blond (*Mexico*)
guerra war
guerrero *n.* warrior; *adj.* warlike
guiar to guide, lead
gusto taste, pleasure
gustoso with pleasure

hierba green vegetation
hierro iron
hincar to sink; **—se** to kneel
hinchado puffed up
historia story, history
hocico muzzle (*of an animal*)
hogar home, hearth
hojalata sheet metal
hombro shoulder
honda slingshot
hondo deep
horca gallows
hoy: — en día nowadays
hoyo hole
hueco empty space, hole
huella trace; **—s de pasos** footprints
huerto orchard, vegetable garden
hueso bone
huésped *m.* guest
huir to flee
humedecer (-zco) to dampen, to wet
humilde humble
hundir to sink

H

hacer to do, make; **— burla** to mock; **— fuego** to fire, shoot; **— negocio** to carry on a business
hacia toward; **— abajo** downward
halagar to flatter
halagüeño flattering
hallar to find
hambre *f.* (*m. in the singular*) hunger
hasta until, up to, as far as
hazaña heroic exploit or unusual feat
hecho deed
herir (ie, i) to wound, hurt
hermoso beautiful

I

idear to think up
igual the same, equal
impuesto tax, money
impulsar to impel, to move
incontable innumerable, uncountable
indígena *m., f.* native (*Indian*)
inefable unspeakable
inesperado unexpected
infeliz *m., f.* wretch
infierno hell
infructuoso unsuccessful, fruitless
inicuo wicked

inmóvil still, motionless
insólito unusual, unaccustomed
intentar to try, attempt
internarse to penetrate, enter an enclosed area
inútil useless, unsuccessful
invocar to invoke, call on
ir: — al encuentro to meet
irse to go away

J

jabón *m.* soap
jamás never
jardín *m.* garden
jaula cage
jefe *m.* boss, chief, leader
jornada working day
joya jewel; **—s** jewelry, jewels
juboncillo small jacket
judío Jew, Jewish
juez *m., f.* judge
jugar (ue) to play (*games, with toys*)
juntar to gather, put together, join
juramento oath
jurar to swear (*an oath*)
juventud *f.* youth

L

laberinto maze, labyrinth
labio lip
labrar to labor, work
ladrar to bark
ladrón *m.* thief
lágrima tear
laguna pond, lake
lanzarse to throw oneself (*into something*)

lápida tombstone
lástima pity
lastimar to hurt, to injure
lector *m.* reader
lectura reading
lechería dairy, milkbar
lecho bed
legua league (*3 miles; approx. 5 kms*)
lejano distant, faraway
lengua tongue, language
lento slow, slowly
león lion
levantar to raise; **—se** to arise, to get up
leve light (*in weight*)
ley *f.* law
limosna alms
limpio clean
lisonja pleasantry
listo ready, prepared
lo: — que what, that which
lobo wolf
locura madness
lograr to manage, achieve
lucir to display prominently, to shine, stand out, show off
luchar to struggle, fight
lugar *m.* place
lumbre *f.* light

LL

llano plain
llegar to arrive; **— a ser** come to be
llenar to fill
llevar: to have (*on*); **— a cabo** to carry out
llorar to cry

M

madera wood, lumber
madrugada dawn
madurar to ripen, mature
maestro master, learned
magia magic
maíz *m.* corn
maldito damned
maleza jungle growth; brush
malva light purple
manchar to stain; **—se** to get stained
mandar to send, command; **— a
   hacer** to have done
mandato command, order
manifestarse (ie) to make manifest
mano front hoof (*of an animal*)
mantenerse to earn a living, to
   subsist, to sustain oneself
mañaneador *m.* early riser
mar *m.* sea, ocean
maravillarse to marvel, wonder
marido husband
marinero sailor
mármol *m.* marble
matar to kill
mazorca ear of corn
moneda coin
medio middle; **en — de** among; *s.,
   pl.* means
mejilla cheek
merecer to merit, deserve
mesón *m.* inn
meter to put inside; **— en peligro** to
   get into danger; **— carrera** to
   race
mezquino miser, stingy
miel *f.* honey
mientras (que) while
mieses grain fields

milagro miracle
mimar to indulge
mimo indulgence
mimoso fond
mirada glance, look
mísero wretched
mismo same
modo way
mohín *m.* gesture
mohoso rusty
mojar to wet, to soak
molestar to bother
moneda coin
monja nun
mono attractive, cute
monte *m.* hill, mountain
montón *m.* heap, pile
morado purple
moraleja moral, maxim
morar to live
morir(se) (ue, u) to die; **— de
   hambre** to starve
mostrador *m.* counter, display
mostrar (ue) to show
motivo motif
móvil shakily, flickering
mudarse to move away
muelle *m.* dock
mugriento dirty, filthy
muerte *f.* death; **pena de —** death
   penalty
mundo world
muro wall

N

nacer to be born
nadie no one
nado: a — swimming

nariz *f.* nose
naturaleza nature
navaja razor
negocio *s. or p.* business
ni . . . . ni neither . . . . nor
nido nest
niebla fog, mist
nimio slight
niñez *f.* childhood
noche *f.* night
novio boyfriend, fiance, groom
nube *f.* cloud
nudo knot
nuevo: de — again, anew

O

o: — sea in other words
obra deed, work, literary work
obrar to carry out, perform, do
obscuridad darkness
obsequiar to give, present
ocio idleness
ocultar to hide
odiar to hate
ojalá: — + *subj.* I hope, I wish
ojeras rings under the eyes
ojo *eye*
ola wave
olor smell, odor
olvidar(se) to forget
opinar to be of the opinion
oración sentence, prayer
orden *m.* class, order (*neatness*)
ordenar: — +hacer to order or have
   done
orgullo pride
orilla riverbank, shore

oro gold
oropéndola golden oriole

P

paisaje *m.* image, scene, landscape
paja straw
pájaro bird
palabra word
paladín *m.* paladin, leader
pálido pale, wan
pañal *m.* swaddling clothes, diaper
pañuelo handkerchief
parar to stop
parecer (zco) to seem
parecido *adj.* similar
pared *f.* wall
pariente *m., f.* relative (*family*)
párrafo paragraph
particularidad uniqueness
partida portion
partir to break, to start out
pasar: — por to be taken for
pasear to stroll
paso footstep
pata leg (*of an animal*)
patíbulo place of execution
patilla sideburn
patria country, fatherland
pececillo little fish
peces *m. pl.* fish
pecho breast, chest
pedazo piece
pedido request
pedir (i, i) to ask for; **— disculpa(s)**
   to apologize
pegado glued, stuck, joined
pegar to glue, to join

peinar to comb
peldaño step of a staircase
peligroso dangerous
pelo hair
pelotón *m.* firing squad
peludo hair
peluquería barbershop
pena sorrow
penado punishable
penumbra penumbra, circular half-halo of light before dawn
peón *m.* employee, field hand, peasant
percibir to perceive
perder (ie) to lose
perentorio decisive, peremptory
periódico newspaper
periodista *m., f.* journalist
permanecer to remain
perro dog
perseguir to chase, to persecute
perspicacia perspicacity, clear-sightedness, acumen, sagacity
pesado heavy
pesar: a — de in spite of
pescado fish
pesebre *m.* manger
piadoso merciful, pious
pico beak
pie *m.* foot; **a —** on foot
piedra stone
piel *f.* skin, fur, hide
pierna leg
pillete *m.* urchin, little rogue
placentero pleasing
placer *m.* pleasure
plata silver
platillo saucer, small plate

plazo installment
plazuela little square
poblado *n.* town; *adj.* populated
poder (ue, u) to be able; *n.* power
poco: — a poco little by little
poderío power
polvo dust
pólvora gunpowder
poner: — en salvo assure one's safety; **— cerco** to lay siege
ponerse: — +*adj* to become; **— de pie** to stand up; **— a** +*inf.* to begin
por: — cuanto since; **— último** finally; **— supuesto** of course; **— conseguiente** consequently
posada inn
posteriormente afterwards
potencia world power
pozo well
prado meadow, field
preciar to prize
preciso necessary
preguntar to ask
premio prize, reward
presentimiento foreboding, presentment
preso *adj.* seized; *n.* prisoner
prestar to lend
pretender to aim, plan, pretend
prevalecer to prevail
primero first
primogénito first-born
probar to taste, to try
proceder to proceed
procedimiento procedure
procurar to try, procure
pródigo lavished

profundo deep, profound
promulgar to issue, promulgate
pronto soon, quickly
proporcionar to provide, furnish
propio + de belonging to
proposición proposal, offer,
  proposition
propósito aim, purpose, reason
provecho profit, benefit
próximo: — + *n.* next, nearby
pudiente able, wealthy
pueblo people
pues then
pulir to polish
punto: un — for a short moment
puñal *m.* knife, dagger
puño fist
pupitre *m.* student desk

Q

quedar to be left, end up; **—se** to
  stay, remain; **—se con** to keep
quejarse to complain
quemadura burn
querer (ie, i) to want, wish, love
queso cheese
quicio frame (*of a door*), support
quitar to take away; **—se** to take off,
  to remove

R

rabia anger
rabo tail (*of an animal*)
racimo bunch (*of grapes*)
raíz *f.* root; **a — de** as a result of
rama branch
raptor thief
rato: un — a while

razón *f.* sanity, reason; **tener —** to
  be right
real real, royal
rebalsarse to overflow
recelo fear, foreboding
recién just, newly
reclutar to recruit
recoger to gather, pick up
recolección gathering
recorrer to traverse, travel
recostarse (ue) to lie down
rechazar to reject
redundar to result
reemplazar to replace
reflejar to reflect
reflexionar to ponder, reflect
regalar to give, donate, gift
regocijo great joy
regodearse to enjoy thoroughly
regresar to return
reír(se) (i, i) to laugh
reja bar (*of a window or
  surrounding an estate or garden*)
rejilla latticework
relación relation, relationship
relámpago lightning
relato narration, account
remitir to forward
remordimiento remorse
remover (ue) to shift, move around
reo prisoner
repartir to distribute
repentino sudden
repleto full, replete
reprehender to reprehend
representar to act out, represent
respecto: con — a with respect to
respingado: la nariz — a with nose
  up in the air
restregar (ie) to scrub

resueltamente resolutely

retirarse to retire, to depart

retroceder to back up

reunir (ú *in first, second and third pers. sing.; third pers. pl. of present tense*) to gather, re-unite

revelarse to make oneself known, expose one's character or identity

revolver (ue) to stir

revuelo tolling (*of a bell*)

rey king

rezar to pray

riente laughing

riesgo risk

rincón *m.* (*inside*) corner

riqueza riches, wealth

risa laughter

roble *m.* oak

robo robbery

rocín *m.* nag (*horse*)

rodeado surrounded

rodilla knee

rogar (ue) to beg, implore

romper to break; **—se** to break up

ropa clothing, clothes

rosal *m.* rosebush

rosetón *m.* rosette, rose window

rostro face

roto (*p.p. of* **romper**) broken

rozar to graze, touch softly

rubio blond

rubricar to cut a swath

rueda wheel

ruido noise

S

sábana sheet

sacar to take out; **— de la vaina** to unsheath

sacerdote *m.* priest

saciar to satiate, satisfy

salir to go out, come out, turn out

saltar to jump

saludar to greet

sangre *f.* blood

sano healthy

santiguarse to cross oneself, make the sign of the cross

sarnoso mangy

secarse to dry off

seco dry

seda silk

sediento thirsty

seguir to follow, continue

según according to

seguridad assurance

seguro sure, certain

selva jungle

sembrar to sow, to seed

semejanza similarity

semiderruido semi-demolished

senda path, way

sendero path

sensible sensitive

sentido feeling, sense

sentimiento feeling

sentirse (ie, i) to feel

señal *f.* sign, signal

señalado prescribed

señalar to point out

Señor Lord

señora wife, lady

ser to be; *n.* being

sigilo stealth

siglo century

silbar to whistle

silla chair

sillón *m.* armchair

similitud *f.* similarity

singular extraordinary, unique

sino: — que but rather

situar to place, situate

sobornar to bribe, suborn

sobrar to be left over

sobre over, about; *n m.* envelope

sobrevenir (ie, i) to happen, to come over

sobrino nephew

socorro help, aid

solamente only

soler (ue) (*used in the present and imperfect*) to be accustomed to

solicitar to ask

sollozar to sob

sombra shadow, shade

sonido sound

sonso fool

soñar to dream, dream up

soplar to blow

sorbo sip, gulp

sordo deaf

sorprendente surprising

sospechar to suspect

suave soft

subir to climb, go up, get on

sublevarse to rise up, to rebel

suceder to happen

sucio dirty, soiled

sudor *m.* sweat

suelo ground, floor

sueldo salary

suelto loose

sueño dream; **tener —** to be sleepy

suerte *f.* fate, luck, chance

superficie *f.* surface

suscitar to arouse, attract

suspenso pending

sustancia substance, material

susurrar to whisper

sutil subtle

T

taco wadding

tal such a; **—es** as they are, were

tamaño size

también also

tanto(a) so much; **—(a)(s)** so many

tapiz *m.* tapestry

temblar to tremble

temer to fear

temor fear

tender to spread out, to lay down something; **—se** to lie down

tener: — suerte to be lucky

tentar (ie) to try, attempt, tempt

teñir (i, i) to dye, tint, color

terciopelo velvet

terregoso cloddy

tesoro treasure

testigo witness

tez *f.* complexion, skin

tibio tepid, lukewarm

tienda store, shop

tierno tender

tierra earth

timidez *f.* shyness, bashfulness

tinta ink

tipo individual, type

tirar to throw, shoot

tirón *m.* **de un —** in one stroke

tocar to touch; **—** + *instrument* to play an instrument; **—le a uno** to be one's turn or lot

todavía still, yet

todo all

tomar to take

tonto foolish

toque *m.* touch, ringing, indication

trago swallow of a liquid

traicionado betrayed

traje *m.* suit

trama plot (*in literature*)

trance *m.* situation, peril, critical moment

transcurrir to pass (*time*)

trapo rag, piece of cloth

tras after

tratado treaty

travieso mischievous

traza appearance

trigo wheat

tristeza sadness

tropezar (ie) to trip against or over

turbación perturbation, agitation, confusion, nervousness

U

único only one

uva grape

ufano proud

V

vacío empty space, vacuum

vagar to roam

vagón *m* railroad car

vaina protective sheath for knife or sword

vainilla vanilla

valer to be worth; **—se** to avail oneself, make use of

valija suitcase, valise

valla fence, barrier

vapor *m.* steamship

vara rod

varios several, various

varón man, male (*child*)

¡vaya! (*from* **ir**) gracious!

vecindario neighborhood

vecino neighbor

vela candle

venado deer, venison

vencer to vanquish

vendar to blindfold, bandage

vengador avenger

venir: — corto to seem short

ventaja advantage

ver to see

verdugo executioner, torturer

vergüenza shame, bashfulness

verosímil believable

vestido dress, outfit

vez *f.* time, instance; **una —** once; **varias —(c)es** several times; **en — de** instead of; **otra —** again; **alguna —** at any time; **a —(c)es** sometimes

viajante *m., f.* traveler, voyager

víbora viper

vid *f.* vine

viento wind

vista sight, the eyes, view

volar (ue) to fly

voluntad will

volver to return; **—se** to become

vos you (*sing.*)

vulgarizar to become or make common

Y

ya already

yacer (zc or **zg** or **g)** to lie down

yendo (*pres. p. of* "**ir**") going

Z

zahondarse to sink

zarpar to sail, to weigh anchor

zorro fox

We wish to thank the authors, publishers and copyright holders for granting us the permission to reprint the following literary excerpts.

Saravia, Albertina E.: Selections from *Popol Vuh,* by permission of Editorial Porrúa, S.A.

Manuel, Juan: Selections from *El conde Lucanor,* by permission of Editorial Porrua, S.A.

Jiménez, Juan Ramón: Selections from *Platero y yo,* by permission of the heirs of Juan Ramón Jiménez

Borges, Jorge Luis: "Los dos reyes y los dos laberintos" from *El Aleph,* by permission of © Emecé Editores, Buenos Aires, 1957

Imbert, Enrique Anderson: Selections from *El Grimorio* and *El Gato de Cheshire,* by permission of the author

Matute, Ana María: Selections from *Los niños tontos,* by permission of Ediciones Destino, S.L.

Denevi, Marco: Selections by permission of the author.

Nervo, Amado: "Una esperanza", from *Obras completas,* by permission of Sra. Margarita de Nervo

Monterroso, Augusto: "Mr. Taylor" from *El cuento actual latinoamericano,* by permission of Ediciones de Andrea

Rojas, Manuel: "El vaso de leche" from *Antología del cuento chileno,* by permission of Editorial Universitaria S.A.

López y Fuentes, Gregorio: "Una carta a Dios" from *Cuentos campesinos,* by permission of Lic. Angel López Oropeza

Téllez, Hernando: "Espuma y nada más" from *Cenizas para el viento y otras historias,* © 1950, by permission of Sra. Beatriz de Téllez

Cortázar, Julio: "Continuidad de los parques" from *Final del juego,* by permission of Editorial Sudamericana.